3年でマイナス200万から

「副業FXで月収30万ちょい」の人生イージーモードにした件

プロ兼業FXトレーダー
カニトレーダー

ぱる出版

最初は典型的**ダメトレーダー**でした
2014～16年の成績は
マイナス200万超
資金枯渇による入金の毎日……
からの「追証」祭り！
地獄サイクルの日々でした

From	件名
外為ジャパンカスタマーサポート	【外為ジャパンFX】 ご入金完了のお知らせ（株式会社DMM.com
外為ジャパンカスタマーサポート	【外為ジャパンFX】 ご入金完了のお知らせ（株式会社DMM.com
外為ジャパンカスタマーサポート	【外為ジャパンFX】 ご入金完了のお知らせ（株式会社DMM.com
外為ジャパンカスタマーサポート	【外為ジャパンFX】 ご入金完了のお知らせ（株式会社DMM.com
外為ジャパンカスタマーサポート	【外為ジャパンFX】 ご入金完了のお知らせ（株式会社DMM.com
外為ジャパンカスタマーサポート	【外為ジャパンFX】 ご入金完了のお知らせ（株式会社DMM.com
外為ジャパンカスタマーサポート	【外為ジャパンFX】 ご入金完了のお知らせ（株式会社DMM.com
外為ジャパンカスタマーサポート	【外為ジャパンFX】 ご入金完了のお知らせ（株式会社DMM.com
外為ジャパンカスタマーサポート	【外為ジャパンFX】 ご入金完了のお知らせ（株式会社DMM.com
外為ジャパンカスタマーサポート	【外為ジャパンFX】 ご入金完了のお知らせ（株式会社DMM.com
外為ジャパンカスタマーサポート	【外為ジャパンFX】 ご入金完了のお知らせ（株式会社DMM.com
外為ジャパンカスタマーサポート	【外為ジャパンFX】 ご入金完了のお知らせ（株式会社DMM.com
外為ジャパンカスタマーサポート	【外為ジャパンFX】 ご入金完了のお知らせ（株式会社DMM.com
外為ジャパンカスタマーサポート	【外為ジャパンFX】 ご入金完了のお知らせ（株式会社DMM.com
外為ジャパンカスタマーサポート	【外為ジャパンFX】 ご入金完了のお知らせ（株式会社DMM.com
外為ジャパンカスタマーサポート	【外為ジャパンFX】 ご入金完了のお知らせ（株式会社DMM.com
外為ジャパンカスタマーサポート	【外為ジャパンFX】 ご入金完了のお知らせ（株式会社DMM.com
外為ジャパンカスタマーサポート	【外為ジャパンFX】 ご入金完了のお知らせ（株式会社DMM.com
外為ジャパンカスタマーサポート	【外為ジャパンFX】 ご入金完了のお知らせ（株式会社DMM.com
外為ジャパンカスタマーサポート	【外為ジャパンFX】 ご入金完了のお知らせ（株式会社DMM.com
外為ジャパンカスタマーサポート	【外為ジャパンFX】 ご入金完了のお知らせ（株式会社DMM.com
外為ジャパンカスタマーサポート	【外為ジャパンFX】 ご入金完了のお知らせ（株式会社DMM.com
外為ジャパンカスタマーサポート	【外為ジャパンFX】 ご入金完了のお知らせ（株式会社DMM.com
外為ジャパンカスタマーサポート	【外為ジャパンFX】 ご入金完了のお知らせ（株式会社DMM.com
外為ジャパンカスタマーサポート	【外為ジャパンFX】 ご入会完了のお知らせ（株式会社DMM.com

fx@sec.click-sec.com	【GMOクリック証券】 FXネオ取引 追加証拠金解消
fx@sec.click-sec.com	【GMOクリック証券】 FXネオ取引 追加証拠金発生
fx@sec.click-sec.com	【GMOクリック証券】 FXネオ取引 追加証拠金解消
fx@sec.click-sec.com	【GMOクリック証券】 FXネオ取引 追加証拠金発生
fx@sec.click-sec.com	【GMOクリック証券】 FXネオ取引 追加証拠金解消
fx@sec.click-sec.com	【GMOクリック証券】 FXネオ取引 追加証拠金発生
fx@sec.click-sec.com	【GMOクリック証券】 FXネオ取引 追加証拠金解消
fx@sec.click-sec.com	【GMOクリック証券】 FXネオ取引 追加証拠金発生

食事中もチャートを見るため
奥さんとの会話もめっきり減少
そんな**ポジポジ病トレーダー**が
ある日突然勝てるようになりました
そのキッカケとは……

はじめに…兼業トレードで、ストレスフリーに月収30万円

はじめまして！　カニトレーダーカズヤングです！

え、何？　カニ？　海の？　と思われた方、そうです。あの海のカニです。

私はＹｏｕＴｕｂｅで毎日、自分のトレードを生配信しているＦＸトレーダーで、ユーチューバーでもあります。２０１８年1月15日からほぼ3年以上にわたって、市場が開いていない土日以外は毎日欠かさず配信を続けてきました。

大好物がカニであること、ただ配信するだけでは目立たないと思ったこと、私が北海道に住んでいること、この3つの理由でカニのかぶりものをしてＹｏｕＴｕｂｅに出演しています。こんな、かぶりものです。

本を閉じるのはちょっと待ってください。人を見た目で判断してはいけません。「はじめに」くらいは、パラパラとでもいいから読んでください。

さて、3年間毎日ＹｏｕＴｕｂｅでのＬＩＶＥ配信を続け、総配信回数は７００回以上に達しています。夜の10時半にスタートし、その日の為替相場について私の分析や予想、投資戦略を解説し、実際に視聴者の皆さんの前で外貨を売ったり買ったりするＦＸトレードを生放送し、見てくださっている方からの質問にもすべて答えています。

ＦＸとは、米ドルやユーロなど外国の通貨を売ったり買ったりすることで、差益を狙う取引です。誰かが儲かれば誰かが損をする厳しいゼロサムゲームの世界ではありますが、世の中には何億円も稼いでいるカリスマトレーダーや、ＦＸで生計を立てている専業トレーダーと言われる人がいます。「月収１００万円！」とか、「ＦＸで3億円！」といった派手な成績をうたった本やブログ、商材などを見かけたことのある人もいるのではないでしょうか。

そこで私も、この場を借りて、ライブ配信しているＦＸトレードの成績を大公開させていただきます！

LIVE トレードで累計利益 1010.6 万円を達成！

年月	勝敗
2018年1月	+1,312,322（円）
2月	-227,498
3月	-89,219
4月	+648,536
5月	+1,556,640
6月	+171,985
7月	-91,698
8月	-431,231
9月	+326,618
10月	-1,067,654
11月	+143,213
12月	+156,645
2019年1月	+1,186,743
2月	+929,618
3月	+1,006,465
4月	+757,504
5月	+10,851
6月	+11,288
7月	+824,934
8月	+1,718,048
9月	+601,978
10月	+31,868
11月	+618,334
損益合計	**+10,106,290**

13ヶ月連続プラスも達成しました

注文総数：8032（勝 5970、負 2027、分 35)、獲得 pips:9769,1

スタート時の元手が300万円！　そしてこれを毎日トレード配信しながら1300万円に増やしました！　マイナスになった月もありましたが、13か月連続のプラスという記録も達成しています！

…あれ？？？　ショボい？　期待ハズレ？？？

それはどうもすみません。確かに、億を稼ぎ続けるトレーダーに比べたら、私の「300万円を1300万円にした」という数字は、たいしたことないように見えるかもしれません。

しかし、世の中には億トレーダーを夢見てFXにチャレンジした結果、資金を失い、失意のまま市場を去る個人トレーダーがたくさんいます。私自身も、一度はそんな憂き目に遭って、FXをあきらめた経験もあります。

しかし今、あえて億は狙わず、目の前の小さな利益をコツコツ積み上げていく「負けないFX」の方法にたどり着いたことで、累計利益1000万円を視聴者のみなさんの前で達成することができました。利益を出せる日もあれば、損を出す日もありますが、毎日この生放送を続け、すべての取引のプロセスと結果を公開してきた結果の数字です。

損したときは知らん顔して、うまくいったときだけ公開するといったことは一切していません。

本業を持っている「兼業トレーダー」のほうが稼げる理由

私は専業トレーダーではなく、会社を経営する兼業トレーダーです。億を稼ぐカリスマトレーダーでもなければ、FXの利益だけで暮らしているわけでもありません。本業のかたわら、FXをしている兼業トレーダーです。

勝ち続けているトレーダーの中には仕事を辞めてFXに専念しようとする人もいますが、私は専業になる気はまったくないし、今後も目指すつもりはありません。理由は2つあります。

ひとつは、**安定した収入があるからこそ、FXでも安定した利益が出せる**ことです。

このあと詳しく述べていきますが、生活がかかって追い詰められた状態で、安定した利益を積み上げることはかなりハードです。たとえ大きな利益を出しても、その直後に大損失を出すような不安定なトレードになりがちだからです。ごく一部の天才トレーダーならできるのでしょう。でも、私のような普通の人にとっては、

「負けたら生活できない」状態で、利益を上げ続けるのは難しいです

ただこれは、裏を返せば、本業の収入があって生活の不安がない状態であることは、FXで安定した利益を上げるための強力な武器になることを意味します。本業での収入があることは、FXにはとても有利に働くのです。

専業にならないもうひとつの理由は、**今は安定して稼げていても、いつスランプに陥ったり、稼げなくなったりするかわからないから**です。あるいはいつか、FXに飽きて辞めたくなる日が来るかもしれません。多くの人は自由を求めて専業トレーダーを目指すのでしょうが、私にとっては収入源をFXに絞り込んでしまうと、逆に不自由になる気がしています。

本業を持ち、その上にＦＸの利益を上乗せすることで、豊かさと経済的な自由を得ている今のスタイルが、私にとっては一番居心地がいいのです。そしてたぶん、こういうスタイルのＦＸこそが、天才でなくても実現できる、普通の人がトライする価値のあるＦＸだと思っています。

なぜ「大儲けするトレーダー」は、勝ち続けるのが難しいのか

一般的にＦＸは、大儲けの可能性がある代わりに大損することもあるギャンブルのようなもの、というイメージが強いようです。実際、こうした面があるのは否定しませんが、そうではないＦＸもあります。

13ページのグラフは、ＦＸ会社のＯＡＮＤＡ　ＪＡＰＡＮが、自社の口座を持つ人の資産増減率を調査した結果です。過去6か月で、トレード成績の良かった上位１００位と１０１〜２００位、悪かった下位１００位、１０１〜２００位、そして6か月連続でプラスだった人に分けて結果を分析したところ、興味深い結果が出ています。

上位１００人の平均は40％を超える利益、１０１〜２００位までの平均は20％超の利益

を出しており、大変うらやましい結果です。しかしその一方で、**6か月連続で収支がプラスだった人たちの平均を見ると、10%程度にとどまっています**。これはどういうことでしょうか？

これはおそらく、40%超の利益をたたき出した層と、6か月連続プラスの層は、ほとんどかぶっていないのだと考えるのが自然です。要するに、**たまたま運よく大きな利益をたたき出した人たちは、それを継続することができておらず、次の月には負けていたりする**のでしょう。

そして、継続して勝ち続けている人は、大勝ちすることは少なく、10%程度の利益をコンスタントに稼ぎ続けているということ。決して派手な大勝利は狙わず、安定的に10%前後の資産増加を続けているのです。

一方、成績が悪かったワースト100の収支の平均はマイナス50%超、下から101～200位の平均はマイナス40%ほどで、上位の人たちの増加率よりも下位の減少率の方が大きくなっています。大きく勝った人たちが継続して勝てていないことを考えると、40%増やした月の翌月は60%減らすこともあり得ることになりますね。これではおそらく、長く続けるほどトータルでは資産は減っていく一方になります。

本当の「勝ち組」は10%程度の利益をコツコツ積み重ねている

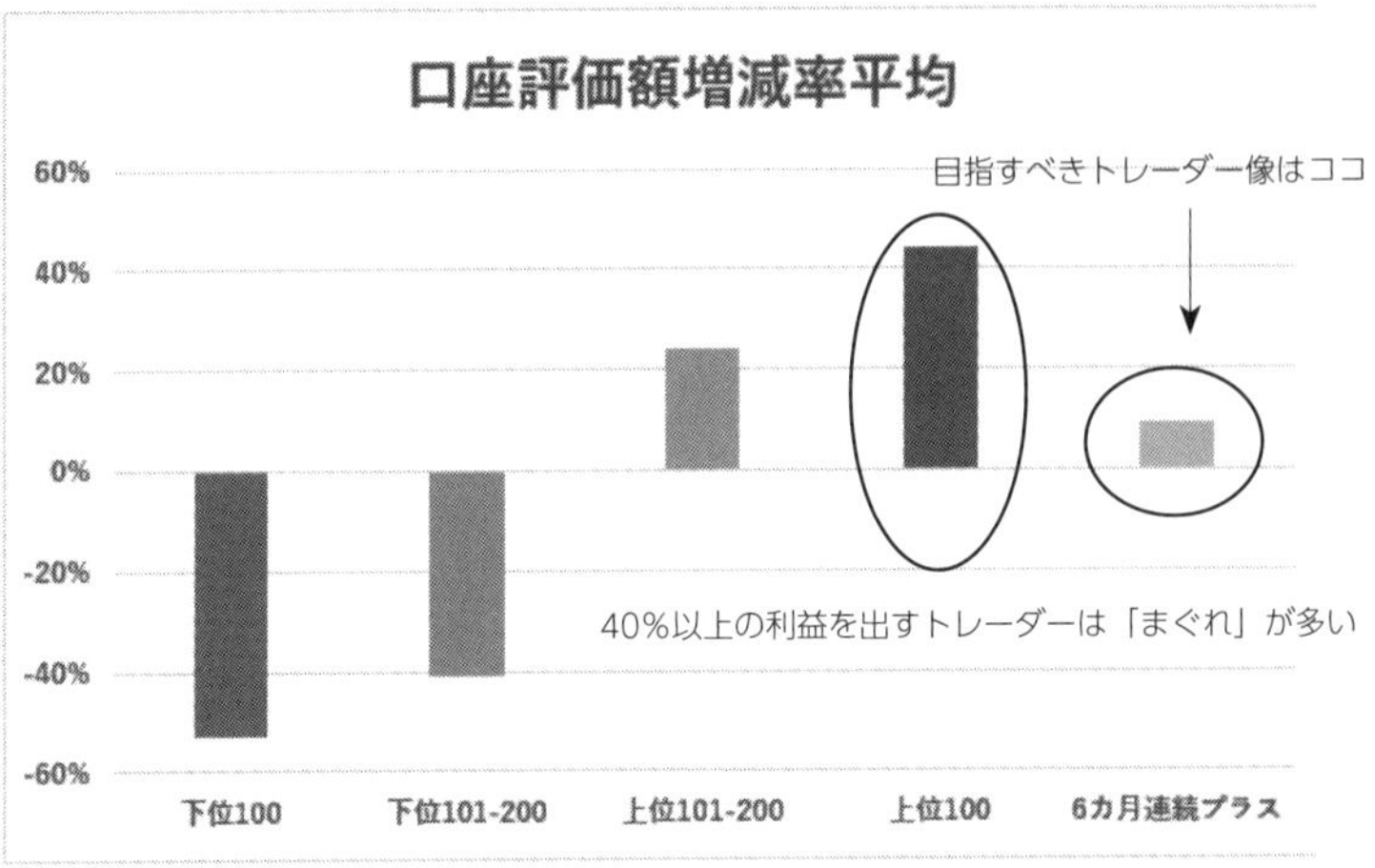

OANDA　JAPAN 提供、2020年3月～8月までの6か月間で口座資産の増減率を調査

要するに、たまたま大勝ちして一気に資産を増やした人は、その後はどうなるかわからない不安定さがあるのに対し、コツコツと利益を積み重ね続けている人は、半年間にわたって小さくても安定的な資産増加を続けているということなのです。

この結果には、私も首がもげそうなぐらい納得しました。

私自身、ＦＸを６年間続けてきましたが、負けていた時は本当に振れ幅が大きく、たまに大勝ちするものの、それを上回るマイナスを食らうことも多く、ジェットコースターのようなトレードだったからです。トータルで見れば負けているのに、大きく勝った時の成功体験が忘れられずに、トレードをやめられない依存症のような状態が続いていました。

でも、こうしたジェットコースターのような不安定なトレードを脱却し、負けないトレード術を会得してからは、小さくても安定的に勝ち続けることができています。３年間負け続け、一度はマーケットから退場させられながらも、やっとの思いでたどり着いた現在のＦＸは、やはり正しいのだと確信できたのです。

ＦＸで勝ち続けるために重要なのは手法……ではない

私の本業である会社経営では、ウェブサイト運営のほか、お客様のウェブサイト構築やデザインを請け負ったり、サイト運営に関するコンサルティングもしています。

これら複数あるビジネスの一角を占めているのが、ＦＸ事業です。普段のトレードで使っている「インジケーター」といわれる、買い時や売り時を独自のロジックで教えてくれるソフトの開発販売を手がけています。要するに、**私はいわゆる「商材屋」でもあるん**です。

「え〜っ、商材屋かよ…」

ドン引きした方もいるかもしれません。

あ、ちなみに、**私の商材を買わなくてもこの本を読めば正しいＦＸはできるので、安心してください！**

さて、ＦＸの商材は世間に山ほどあふれていて、ＹｏｕＴｕｂｅにも広告がたくさん流れてきますよね。「これであなたも月収１００万円！」といった広告はいかにも怪しいし、普通は信用できないでしょう。

私は、自分で開発したＦＸ商材は多くのトレーダーの皆さんの力になれるはずだと自信を持っている一方で、「商材を買ってインストールするだけでは稼げない」とも思っています。

ＦＸは、「楽して儲かりそう」と期待を膨らませてスタートした人の大半が、負けて辞めていくといわれる厳しい世界です。さきほど示したＯＡＮＤＡのデータを見ても、資産を増やしている人より、減らしている人の方が多いのがわかります。

当然ながらこのデータの中には、負けてＦＸを辞めてしまった人は含まれていません。要するに、生き残っている人たちであっても、負けている人の方が圧倒的に多いのです。

良い商材は良い売買手法を教えてくれますが、ＦＸで勝ち続けるには売買手法よりもっと重要なものがあります。私の商材でトレードしても、もっと高額な他の商材でトレードしても、負ける人は負けるのです。

私がＦＸトレードの生配信を始めた理由はふたつあります。

ひとつは、**自分が実際に結果を出すところを見てもらうことが、自分の手法の一番の宣伝になる**と思ったからです。当時からＦＸに関する商材はたくさん宣伝されていましたが、私はそれを見て「本当かな？？」と怪しんで、「本当にそんなに儲かるなら、それを使ったトレードを見てみたい」と思っていました。

私が生放送を始めた当時はＦＸの解説動画を配信する人はいても、自分のトレードを生配信する人はいなかったと思います。トレーダーの場合、「勝ち続けている」とか「億を稼ぐ」といったことが売りなのに、全トレードを生配信すれば負けるところも見られてしまいますから、取引をすべて公開するというのはハードルが高くて踏み切れないのは無理もありません。

だったら、自分がそれをやって見せればいいと思いつきました。要するに、**実演販売とか、テレビショッピングのような感覚**です。

そしてもうひとつは、ＦＸで勝つために、**売買手法よりも大切なことを伝えていきたい**と思ったからです。私は手法だけで勝てるとは考えていないので、自分の商材販売で「楽して大儲け」的なキャッチコピーは一切使わないのですが、これだと本当に伝えたいことがなかなか伝わらないことにもどかしさも感じています。

かつて、自分が間違ったＦＸで負け続けた経験から、同じような人やあきらめかけている人に正しいＦＸを伝えて、より多くの人に経済的な自由を手に入れてほしいと思っています。ＹｏｕＴｕｂｅ、情報商材、セミナーなど多くの媒体で私の手法やトレードスタイルをお伝えしておりますが、**「月収３０万円以上を稼ぎ、人生をイージーモードにした」方は多くいます**。そういう方を１人でも多く増やすのが、「ＦＸ廃人」になりかけていた私の使命だと思ってます。

１章からは、多くのトレーダーが負ける理由を解明し、私の手法も公開します。そしてなにより、手法よりはるかに重要なＦＸの勝ち方についても、紹介していきます。
いかがでしょうか？　見た目よりかは、ずっとマジメなトレーダーであることを理解していただけたでしょうか？

本書のガイドラインは20ページのとおりです。ここまで読んで興味がありましたら、この先も読んでいただけますと光栄です。

私は凡人トレーダー。最初はまったく勝てなかったし、今も月収ウン百万円稼ぐようなトレーダーでもありません。たくさんの失敗にうちひしがれて、何度もＦＸをリタイアしようと思いました。

でも、人より少し粘り強かったようです。負けを分析して、たくさんの本を読み、学習し実践した結果、「負けないＦＸ」に少しは近づくことができたと思っています。

本書は、負け続けていた当時の自分に向けて「こんな本があったら、最短で稼げるようになったのに」という思いで書いたもの。だから、**ＦＸをこれから始めたい人や、始めているもののなかなか勝てないトレーダーには最適なはず。**

本書を手に取ったあなたが、最短で「負けないトレーダー」になることを祈りつつ、さっそく本編開始！

本書のアウトライン

【1章】

私の簡単な生い立ちとダメトレーダー時代の話から、「なぜ勝てるようになったのか」その核心をお話します。「ポジポジ病」のトレーダーには特に読んで欲しい内容です。

【2章】

勝てないトレーダーが陥りがちなＦＸ“あるある”を８つ紹介します。その８つに共通していることとは何か？　をお伝えできればと思います。

【3章】

メンタルの章です。「負けトレーダーのメンタル」を「勝ちトレーダーのメンタル」に変える具体的な考え方を記しています。「そんなのいいから早く手法を教えてくれ！」と思った方いませんか？　そう思った方は必ず読んでください。

【4章】

手法の土台となるトレードルールの章です。どんな手法にも共通する「勝つための原則」が身につくようにお話します。

【5章】

「オーダーブック」というツールを活用した私の手法を紹介します。「何それ聞いたことない」と思った方、ご安心ください。「これでもか！」というくらいやさしく、基本から応用まで教えますから。ちなみに、オーダーブックは無料で誰でも使えます。

第1章

「トレード依存症」を克服して、ストレスフリーに月30万円稼ぐまで

第2章

8つの「失敗トレードあるある」を知り、勝率を爆上げする

第3章

「豆腐メンタル」を「神メンタル」に変えて、勝ち組トレーダーに！

第4章

勝率51％以上の手法なら、永遠に勝ち続ける「ルール」の作り方

第5章

オーダーブックで＋1000万円を達成した私の手法、その基本と応用

第1章

「トレード依存症」を克服して、ストレスフリーに月30万円稼ぐまで

19歳で親と死別。アルバイトと「パチスロ」を掛け持ちして自活

私は現在、YouTubeで自分のトレードを生配信しており、月平均で30万円ほどを視聴者の皆さんの前で稼ぎ続けています。今でこそ安定した利益を積み上げている私ですが、この正しいFXにたどり着くまでには、まさに**マーケットの「養分」**として、本業で稼いだ大切なお金を溶かし続けた苦い経験がありました。

生まれは北海道小樽市です。幼いころに両親は離婚し、母が女手一つで育ててくれました。小学生時代は野球やサッカーに明け暮れましたが、中学に入るころにはゲームに夢中になっていました。

当時熱中していたのはNintendo 64というゲーム機と、遊戯王カードです。当時から負けず嫌いで、ただ遊ぶのではなく、**「このゲームで勝つにはどうしたらいいのか?」**ということをいつも考えていました。中でも特にハマっていた「ゴールデンアイ007」という銃を打ち合うゲームでは、負けるたびに死ぬほど悔しくて、寝ないで攻略

法を考えるような子どもでした。

高校生になってからはゲームセンターに通うようになり、そこでもやはり、勝つことに異常なこだわりを見せていました。

高校卒業後は、ミュージシャンを目指して友人とバンドを組んで活動していました。就職はせず、コンビニとカニ料理店でアルバイトをして生計を立てていました。この**時カニ料理店で出されたまかない料理でカニをたくさん食べさせてもらい大好物になった**ことが、今の私のハンドルネームにつながっています。

しかし、たった一人で私を育ててくれた母が、突然の心不全でこの世を去りました。父親や兄弟はおろか、頼れる親戚もいなかった私は19歳にして天涯孤独となり、完全に自立しなければならなくなりました。就職活動しようにも当時は超氷河期で、とりあえずコンビニで一緒に働いていた人と常連だったお客さんの3人でチームを組んで、パチスロを始めたのです。

全国のパチンコ・パチスロ機種情報を掲載しているサイトのメールマガジンの情報をも

とに、**客が勝ちやすく設定するイベントを開催している店に狙いを絞り、チームで稼働して儲けを分け合っていました。**

このパチスロの経験は、ＦＸにかなり役立ったと思います。当時チームで重要視していたのは「**とにかく無駄打ちをしない**」ということでした。**目的はあくまでも勝つこと**なので、どんなにおもしろそうでも、設定が良くない台には絶対に座りません。ＦＸも取引を楽しんでいるトレーダーがいることを否定はしませんが、私は徹底的にドライに、**勝つことだけを目的に取り組んでいました。**このスロットでは月に20万円ほどをコンスタントに稼げていましたが、徐々に規制が厳しくなって稼ぎにくくなったことから、4年ほどで卒業しました。

22歳で就職するも、そこは罵声が飛び交う「ブラック企業」

スロットから離れたのを機に、22歳でようやく就職しました。通信事業者の営業を請け負う会社で、仕事はコールセンターで営業電話をかけるオペレーターです。毎日朝8時半から夜の19時半まで、「電話料金が安くなるので、このプランに加入しませんか？」「光ファイバーに変えませんか？」という内容の電話をかけ続けていました。

契約をたくさん取れれば昇給しますが、逆に結果が出せないと罵声を浴びせられる会社です。**数字が取れない週は土曜日も日曜日も出社しないといけない**雰囲気で、今考えれば相当ブラックだったわけですが、アルバイトしか経験のなかった私には、**会社というのはこういうものなのだ**と特に疑問は抱きませんでした。社内での競争も激しく、同期入社の11人のうち、9人はあっという間に辞めていきました。

それでも、役に立たない経験はないもので、この仕事も今のFXに活かせていると思っています。私なりに多くの契約を取るにはどうしたらいいかを考え、分析し、トライ＆エラーを繰り返してそれなりに結果を出せた経験があったからこそ、FXでも勝てる方法にたどり着くための試行錯誤を続けることができました。

たとえば、電話をかける先のリストは全国にまたがっていたので、私は離島に注目しました。多くの人は何も考えずに都市部のリストから電話をかけるので、離島の人はあまり営業の電話がかかってこないのではないかと思いついたのです。離島に絞って電話をしたところ、警戒心なく話を聞いてくれる人が多いうえ、「そんな話は初めて聞いた」という人も多く、競合他社も手をつけていないマーケットであることもわかりました。

また、東京の人には怒られたりガチャ切りされたりすることも多いけれど、離島の人は親切で邪険にされることも少ないのです。ストレスも軽いし、営業成績も上がっていいことづくめでした。

体調を崩し退社 ↓ 次は「競馬」で起業

しかし、ブラック勤務がたたって3年ほどで体調を崩してしまい、退社することになりました。体調が戻るまで仕事はせず、ゆっくりするつもりでしたが、やっぱりやることがないと生活に張りがありません。かつてのスロットのように稼ぎながら暇をつぶせる対象はないかと探すようになって出会ったのが、競馬でした。

競馬はまったくの未経験でしたが、興味本位でやってみるとおもしろくてあっという間にハマりました。しかし、だからといって勝っていたわけではなく、**馬券を買うたびに紙くずになって、お金は減っていくばかりです**。

どうしたら勝てるようになるだろう、と考えた時、持ち前の分析欲がムクムクと頭をもたげてきました。そこで私は、出走馬に関するデータを徹底的に集めてエクセルに入力し、分析を重ねました。

そのうち、こうした自分の分析と予想を、メールマガジンとして発信することを思い立ちました。

このアイデアには狙いが2つありました。これまでは、ゲームやパチスロの攻略法はすべて自分の中で完結していましたが、**アウトプットをすることでもう一段レベルを引き上げられる気がした**のです。お金を払ってもらうほどの価値ある内容にまとめなければならないというプレッシャーが、より精度の高い分析につながると考えました。

そしてもうひとつの目的は、**「余計なレースに手を出さない」**ことです。

中央競馬は全国3つの会場で、1日36レースも行われています。その中でも、勝てる可能性が高いと思えるレースは1日数レースしかありません。これは逆に言えば、それ以外のレースに手を出すほど勝率が下がるということになります。

競馬ファンの中には、「全レースを楽しみたい」という人もいるでしょうし、「たくさん賭けておけば一つぐらいは当たるだろう」と期待する人も多いと思います。でもやっぱり、「楽しむ」と「勝つ」はまったく別です。スロットも競馬もＦＸも、良い台、良い馬、良いエントリーは限られており、**トータルで勝つためにはそれだけに絞ってやることが重要**なのです。

スロットも競馬もＦＸも、楽しくないということではありません。私の場合、プロセスを楽しむことを徹底的に排除し、**結果的にお金が増えることを楽しむようにしています。**

さらに、そのお金で欲しいものを買ったりおもしろい体験をするのは最高の喜びでもあります。この結果の楽しみを最大限大きくするために、途中の段階では機械になり切って勝つことだけを考えているのです。

メルマガでは、自信を持って紹介できるレースに絞って分析と予想を公開し、それ以外のレースには参加しないと決め、２０１１年に発行をスタートしました。ありがたいことにこれが思いのほか好評を博し、翌年には株式会社金馬新聞として法人化、私は企業経営者になりました。同様に、ボートレースや南関東競馬の情報配信も開始し、会社の業績は右肩上がりで上昇していきました。

わずか数分で万単位のお金が動く！　衝撃だったＦＸとの出会い

このネットビジネスが軌道に乗ると、Ｗｅｂ集客のコンサルティングやデザイン、サイト作成といった依頼もいただくようになりました。そしてあるとき、「ＦＸツールのブログを作って欲しい」という依頼を受けました。

ＦＸという言葉は聞いたことはあっても、詳しいことはまったくわかりません。雑談ついでに「ＦＸって勝てるんですか？」と聞いてみたところ、その人は**「きちんとやれば勝てるよ」**と答えました。「すごいツールがあって、このソフトが教えてくれる矢印の通りに取引すると利益が出ているんだ」と言って、アフィリエイトのリンクを送ってくれたのです。

ＦＸは難しそうな印象がありましたが、「矢印の通りにやれば勝てるなら自分でもできそうだな」と思い、興味本位でそのリンクから商材を購入しました。そのソフトというのは「ＭＴ４」という上級者向けの取引ツール上で、売買のシグナルを出してくれる「インジケーター」でした。今思えば、まったくの初心者が使うにはかなり難しいツールです。なんとか、MT4をダウンロードしてインジケーターを入れるまではできたのですが、取引ができなかったので、GMOクリック証券にFX口座を開いて10万円を入金しました。インジケーターでシグナルが出たら、こちらの口座で取引することにしました。

FXは外貨が上がると思えば買い、下がると思えば売ることで、利益が出ます。上がると思えば、「買いでエントリーし、ロングのポジションを持つ」、下がると思えば「売りでエントリーし、ショートのポジションを持つ」といいます。当時はその程度の知識すらあいまいな状態でしたが、とりあえずドル円を1万通貨買ってみました。

買い注文が成立すると、私が持っているロングポジションの損益がスマホアプリの画面に表示され、その数字がめまぐるしく動いていきます。＋100円、＋300円とちょっぴり儲けが出たと思いきや、いきなりマイナス100円、マイナス300円と損失に転じたりするのです。

「すごい…、こんな世界があるのか…！」

あっけに取られながら取引画面を見つめていると、突然様子が変わりました。これまで数百円で動いていた損益のケタが増え、その変動はさらに目まぐるしく、チカチカと激しく動き始めたのです。マイナス1000円、マイナス3000円、マイナス5000円…。どうやらドル円が下落して、私のポジションの損失が大きくなっているようでした。怖くなった私はあわてて売りボタンを押してポジションを現金に戻し、なんとかその取引を終わらせました。

後でわかったのですが、ちょうどその時、米国で重要な経済指標の発表があったようです。為替相場は経済指標の結果が出ると大きく動くことがあり、私が適当に取ったポジションの逆方向にレートが大きく動いてしまったのです。

結局、**わずか数分で1万4000円もの損失を出してしまう**という、苦いFXデビューとなりました。それでも、FXは売りからも買いからもスタートすることができるので、もしさっき買いではなく売りでエントリーしていれば、数分で1万4000円稼げたことになります。

こんなに短い時間で自分の資産が大きく動くことに驚いて、**「これを極めたら、すごいことになるんじゃないか」という期待と興奮**でドキドキしたのを今でも鮮明に覚えています。

ポジポジ病をこじらせて、「依存症」まっしぐら

これまでやってきた**パチスロや競馬より、FXはずっとずっとスゴイんじゃないか…**。そう感じた私は、さっそく書店に行ってFXの本を買い込みました。そして、大儲けしたい一心で、チャートにかじりつくようになりました。

購入したインジケーターのシグナルに従って取引していると、少しずつFXのしくみもわかってきました。何より、わずかでありますが月単位で収支がプラスになりました。

「これを極めたら安定した収入になるんじゃ?」
「もっと頻繁に取引すれば、チャンスが増えて、利益がもっと上がるんじゃないか?」
「もっと取引のボリュームを大きくすれば、利益もその分増えるよな?」
「もっとインジケーターを入れまくったら、エントリーの精度が上がるんじゃ?」

こんなことばかり考えるようになりました。要するに、**欲の塊**になってきたのです。

そこでまず、気になるインジケーターを何個か購入して追加し、売買サインがたくさん出るようにしました。1回の取引で1万通貨というのでは物足りず、資金を増やして10万通貨ぐらい突っ込むようになりました。**たくさん取引して楽しみたいので、サインが出なくても適当にエントリーするようになりました。**

それでも物足りなくて、インジケーターは5分足（5分ごとにローソク足が出るチャート）を推奨しているのに、1分足に変えて、もっとたくさんサインが出るようにしました。さらに、別のFX会社にも口座を開いて、いろんな取引が一度にできるようにしました。

手がける通貨もドル円だけではつまらないので、16通貨ペアまで広げました。FXではドルと日本円の組み合わせであるドル円だけでなく、欧州のユーロやイギリスのポンド、オーストラリアドル、ニュージーランドドル、カナダドルなどがあって、いろんな組み合わせで売ったり買ったりできるのです。

ここまでやるとインジケーターの売買シグナルを知らせるアラートが鳴りっぱなし。それが楽しくて仕方ありません。**あこがれていた「デイトレーダー」になれた気がして、「俺、FXやってるぜ！」的な快感がたまらない**のです。

そうするうちに、だんだん依存症のような状態になっていました。とにかくいつも取引していたくて、売買シグナルを見るのも待つのも面倒になり、次第にインジケーターも使わなくなりました。一応、上方向か下方向かというトレンドの向きを示すインジケーターと、売られすぎや買われすぎを示すRSIという簡単なテクニカル指標を使った売買ルールを使っていましたが、無視することも多く、**感覚的なトレードが多くなっていきました。**

人生を賭けたトレードで惨敗 ↓ マーケットから退場

でも、このやり方は**疲れるだけで、まったく稼げませんでした。**自分がポジションを取ると為替レートは期待と逆方向に動き、仕方なく損失を確定してトレードを終わらせる「損切り」を繰り返しました。

FXは自分の資金を超える額で取引ができるので（レバレッジをかけるという）、少額の資金で大きな利益を狙えるのがメリットなのですが、当然ながら逆行した場合の損も大きくなります。特に初心者は取引のボリュームを少なくしてレバレッジを低く抑えるのが鉄則なのに、私は常に100万円ほどの資金をほぼめいっぱい使って、持てるだけのポジションを持っていました。

当然ですが、こんな取引を続けていると、資金はあっという間になくなります。そこで、本業で稼いだお金を入金し、再び行き当たりばったりのトレードをして負けて、**資金が足りなくなって入金する**、という負のサイクルを延々と繰り返していました。冒頭に当時の私のメールボックスを掲載しましたが、完全に「依存症」の状態です。

常に負けているわけではなく、勝つこともありましたが、とにかく**損切りが遅いので1回の負けが大きく、それまでの利益を吹き飛ばす「コツコツドカン」を繰り返しました。**

FX会社から、こんなメールが届くことも日常茶飯事でした。

「ロスカットアラートです。○月○日までに○円ご入金ください。指定日のNYクローズまでにご入金がなき場合、強制的に建て玉をすべて決済させていただきますのであらかじめご了承ください」

FXでは含み損（まだ確定していない損失）が資金の一定割合まで膨らむと、強制的に決済されて損失が確定させられる「強制ロスカット」というしくみがあります。それを回避するには口座に追加の資金を入金して、資金に対する損失の割合を下げなければならないのです。

こうした日々を3年も続け、私はすっかりFX貧乏になりました。

2014年にスタートして2016年までの3年間で200万ほどマイナスを出しました。

損をするだけとわかっていても、もしかしたら次は大きな利益になるかもしれないという期待を捨てられず、ポジションを持っていない状態が耐えられません。そのころには結婚していたのですが、食事中もチャートを見ていたので奥さんとの会話もめっきり少なくなりました。

これ以上続けても、お金が減るだけかもしれない――。

そこで私は残っているわずかなお金で、**「引退試合」**をしようと決めました。これで勝ったらもう一度頑張ってみる、**もし負けたらきれいさっぱりFXをやめようと決めた**のです。

この時選んだ通貨ペアは、ドル円です。忘れもしない114・500円。この水準で全力の買いエントリーに挑み、うまくいった場合の利益が大きくなるよう、ほぼめいっぱいポジションを持ちました。ただし、２円下落したら強制ロスカットになる計算です。

「上がってくれ！　頼むから上がってくれ…！」

必死のお祈りトレードもむなしく、その後のドル円は114・550円さえ超えることなく下落していきました。

「あれ？」負けた理由を徹底的に考えて、たどりついた意外な結論

引退マッチで負けたことで私はＦＸ会社の口座をすべて解約し、ＦＸと決別しました。

それからはチャートを見ることもなく、相場からは完全に距離を置きました。幸い、本業のビジネスは順調だったので、ＦＸで負けた分は本業で取り戻そうと集中していました。

しかし、ちょうどそのころ、ネットビジネスのコミュニティで集まりがあり、その場に

りました。

専業トレーダーがいました。彼の話を聞いて、否応なしにFXのことを思い出すことにな

「俺は大負けしてやめちゃったけど、この人は稼ぎ続けているんだなあ…」

マイナスのまま引退してしまったけれど、心のどこかで**「FXで勝つ方法は、どこかにあるんじゃないか」**と、あきらめきれずにいる自分がいました。

実際、FXで得た利益を申告せず、何億円もの脱税をした罪で告発されたトレーダーが何人かニュースになっていたし、**競馬やボート、宝くじやパチンコといったギャンブルと比べたら圧倒的に期待値は高いので、勝っている人がいてもおかしくないはずだから**です。

たとえば、宝くじの場合、当選金として還元されるのは売り上げの半分程度で、残りは手数料や印刷経費、社会貢献などに使われるといわれています。一方FXは、FX会社に支払う実質的な手数料として、ドル円では1ドルあたり0・3銭程度のスプレッドが取られるだけです（FX会社によって異なる）。

しかも、世の中には専業トレーダーが実際にいるわけで、継続して勝つ方法は存在するのだと結論づけるしかありません。

じゃあ、なぜ自分は勝てなかったのか？

考えても、考えても、答えは出ませんでした。だったら1度、視点を変えてみようと思い立ちました。勝てなかった理由がわからないなら、**負けた理由を突き止めようと考え始めた**ところ、たくさんの候補が出てきました。

- ・感情で取引している
- ・常に取引したいと考えている
- ・ハイレバレッジで取引している
- ・損切りができない
- ・資金管理ができていない
- ・売買ルールが定まっていない

負ける理由をリストアップするうちに、あることに気がつきました。

「あれ、手法に関するものがないぞ？」

私はこれまで、**良い手法に出会えさえすれば勝てると思っていました**。「ＲＳＩでは勝てない！」「移動平均線の上でロングすれば勝てる！」「ボリンジャーバンドでレンジ売買すれば勝てる！」といった情報ばかり集めていたし、それがすべてだと思っていました。

でも、負ける人の共通点をいくら調べ上げても、**「手法が悪い」というものはほとんどない**のです。

勝つ方法は相変わらずわからないけれど、負ける理由はわかりましたし、改善できそうなこともありました。６つ発見した負ける理由のうち、「売買ルールが定まっていない」以外の５つについては、ロット（取引の単位）を減らして取引ボリュームを小さくすることが対策になりそうです。そこで、

①ロットを小さくする
②売買ルールをきちんと決めて守る

の２点を守ったうえで、もう一度チャレンジしてみようと決めました。

これまで、ＲＳＩという簡単なテクニカル指標を使った売買ルールを定めていましたが、

無視することも多く守れていませんでした。そこで、**あえて負け続けたこのルールのままで、それを厳格に守ったトレードを試してみようと思いつきました。**

また、これまでは１００万円の資金をめいっぱい使っていましたが、これを10万円に減らし、取引する上限も1万通貨までに抑えることにしました。勝ち負けにはこだわらず、**とにかくルールを守って取引する、**ということを3か月続けてみようと決めました。

そして、とにかく何も考えず、**機械のようにルールに従った取引を、淡々と続けてみた**のです。

しばらくすると、**今までは見えていなかったまったく新しい景色が、私の前に広がりました。**小さなボリュームで、ルールを守るトレードスタイルは、これまでの3年間でやってきたＦＸとはまったく違っていたのです。

まず、収支がプラスになりました。**追加の入金をせずに3か月もトレードを続けられた**うえ、すべての月でお金が増えたのです。負けては入金、を繰り返してきた身には、信じられないことでした。

そして、ロットを小さくしたことでも、大きな発見がありました。やってみる前は「たかが1万通貨では、勝ったところで数千円程度、これじゃあつまんないよなぁ…」と思っていましたが、実際には利益が出ても変に興奮することがないし、損失が出てもこの世の終わりみたいに追い詰められることがないのです。1万通貨で大儲けなんて無理だと最初からわかっていることで、実に**淡々とトレードができる**のです。

簡単ですが**毎日記録をつける**ようにしたので、自分のトレードを冷静に振り返って分析することもできました。**負け続けていた時とまったく同じ手法なのに、ロットを小さくして、ルールを守るだけで勝ちを積み重ねられるようになったことは、本当に驚き**でした。

この経験で、「**ＦＸで勝つために最も重要なのは手法ではない**」と確信することになったのです。

この3か月は、私の人生で大きな転換点になる、忘れられない3か月となりました。

YouTuberになるも、視聴者数は「1」(自分だけ)

3年やっても鳴かず飛ばずで大金を失った私でしたが、ようやくFXで負けない方法にたどり着くことができました。それからは、大儲けすることはなくても、大きな負けをすることなく、小さな勝ちをコツコツ積み上げることができるようになっていました。

自信もついてきたので、それからはさらに勝率を上げられる手法を研究し、現在の手法に行き着きました。勝つためのベースを確立したうえで、手法を磨き上げたことで、より安定的に勝ちを重ねられるようになってきました。

せっかくなので、この自信をもってお勧めできる手法を、ソフトにして販売することも始めました。

FXをやったことがある人なら経験があると思いますが、**「FX 勝ち方」「FX 必勝法」などと検索してみると、怪しげな情報がたくさん出てきます。**

「あなたも簡単に月収100万円！」という商材やセミナーの広告、儲けているというFXブロガーやカリスマトレーダー…。どれも、疑わしいですよね。

こうした商材で本当に儲かるかわからないし、ブロガーやトレーダーの多くは収支をブログに掲載しているだけで、儲けているという証拠を明かしていません。私はこれまで書いてきた通り、手法だけで勝てるとは思っていないので、ソフトの販売でもこうした派手な宣伝文句は一切使わなかったのですが、「きっと同じように怪しいと思われているだろうな…」と感じていました。

どうしたらインチキじゃないと信じてもらえるのかな、どうしたら私が発見した勝てる方法をわかってもらえるかな、そう思った時、思いついたのが**動画の生配信**です。商材の広告やカリスマトレーダーの記事などを見るたびに、「この人たちのトレードを生で見てみたい」と思っていたのですが、当時（2017年末）、**ライブ配信で自分のトレードを公開する人は私の探した限りではいませんでした**。YouTubeでも、FXそのものに関する動画はたくさんあったので、実際のトレードの配信ニーズがあるのではないかと思えました。

まだ誰も手を付けていないのでライバルは不在です。

しかも**嘘のつけないYouTubeライブでトレードを配信すれば、信用してもらえるんじゃないか**と考えました。ライブではチャット機能を使うと、それがコミュニティーのように機能するので、多くの人がコミュニケーションしたり、盛り上がったりできます。トレーダーはどうしても孤独になりやすいので、**トレーダー同士で情報交換や雑談ができる場があるといいんじゃないかとも思いました。**

そして2018年1月15日、YouTubeを使って初めてのトレードのライブ配信にチャレンジしました。当時はツイッターなどSNSもまともにやっていないし、サクラを呼ぶような人脈もないので、視聴者数は1（自分だけ）です。

それでも毎日続けていると、ときどき視聴者数が2とか3になる日があって、「誰か見ている…！」とドキッとすることが増えてきました。そのうち、検索なのか口コミなのかはわかりませんが、見てくれる人が少しずつ増えていったのです。

当初は、**「人前で負け続けていたらさすがに恥ずかしいので、負けが続くようなら辞めよう」**と軽く考えていましたが、たまたま勝ちが続いたことも、今思えば幸運でした。

それから、今日に至るまで、毎日欠かさずトレードの生配信を続けています。

第2章

８つの「失敗トレードあるある」を知り、勝率を爆上げする

ＦＸを始めると、だれでも1度や2度、あるいは１２７度ぐらい同じような失敗を繰り返します。その失敗は老若男女、不思議なくらい共通していて、「あるある」とうなずくものばかり。

この章では、こうした「ＦＸあるある」と、その原因をご紹介します。

その①
自分が買うと相場は下がり、自分が売ると相場は上がる

「よし上だ！」と思って買いでエントリーすると、なぜかそのとたんに下落する。逆に、「これは下だ！」と確信を持ってショートすると、そんな自分をあざ笑うかのように相場がグングン上昇して、含み損がドンドン大きくなっていく…。

「もし逆方向にエントリーしていたら爆益だったのに…」

という後悔を繰り返すうち、

「自分の予想と逆に張れば当たるのではないか？？」

というう世紀の大発見に至る人もいるわけですが、

「これは上だな、ということは下に張ればいいんだな。いやまて、やっぱり下か？？　ってことは張るのは上？　いや待てよ…」

と、だんだんわけがわからなくなってきます。これ、本当によくみられる「あるある」です。

でも、為替レートは上がるか下がるかしかありませんから、確率としては五分五分です。しかし、人の脳は**勝った時よりも負けたことの方が印象に残りやすい**という性質があります。

「もう損するのはイヤだ！」という思いが強くなるほど、運よく勝った時にはわずかな利益のうちに取引を終わらせて、なんとかプラスをキープしようとします。逆に、負けるとあきらめきれずにズルズルと損切りを遅らせるので損失が大きくなります。こういうことを繰り返していると、当然**「自分は負けてばかり」「逆だったら爆益」という思い込みが生まれてしまう**のです。

その②
自分が損切りすると、その直後に相場が反転する

買いでエントリーしたのに、相場はどんどん下落する一方。「もうすぐぎっと上昇に転じてくれるハズ……！」と祈るようにチャートを見つめていたのに、含み損はどんどんどんどん増えていく……。

「もうだめだ、これ以上の損失は耐えられない！　ポチッ」

損切りの決済ボタンを押したとたん、相場がグイーンと反転上昇する。悲しすぎる「あるある」ですね〜。

もうちょっと我慢していれば損失はもっと小さくできたのに、むしろ利益が出たかもしれないのに！　と地団駄を踏むのも、FXトレーダーの多くが経験する出来事です。

まるで**自分の損切りを見計らったように相場が反転するのは、いったいなぜ**でしょうか。

為替相場は、誰かが得をすれば誰かが同じだけ損をしている「ゼロサムゲーム」の世界です。あなたが損切り注文を置いているようなわかりやすいポイントには、多くの投資家が同じように損切りのストップロス注文を置いています。損切り注文を入れていないトレーダーであっても、「もう耐えられない！」と感じるポイントはだいたい似通っています。

相場に対してなんらかの「仕掛け」ができる資金力がある大口の投資家にとって、一定の水準にたくさん溜まっている損切りのストップロス注文はまさに「養分」。含み損を抱えたトレーダーが我慢できなくなるこの水準まで、なんとか為替レートを持って行こうとするものです。

そして、たくさんの損切り注文を巻き込んで思い通りの利益を上げてしまえば、それ以上引っ張る必要もなくなるので手を引きます。するとそこでキレイに反転したりするわけです。

「自分が損切りした瞬間に反転した」というあるあるには、こうした背景があります。

極論すれば「**あなたが損切りしたから反転した**」と言っても過言ではないのです。

その③
ポンドでハイリターンを狙い出すと、負け始める

ここ数年の値動きに乏しい為替相場では、１００円台の米ドル円や70円台の豪ドル円で1日に1円も動くことはそんなに多くありません。しかし、１３０円台のポンドなら、額面が大きい分値動きも大きくなるため、１日に1円ぐらいは普通に変動してくれます。私の体感では、米ドル円で１日に50ｐｉｐｓ程度動いているときは、ポンドは１日に１２０ｐｉｐｓぐらいは動いています。要するに、１日の中でも倍以上の値幅があるのです。

最初はオーソドックスな米ドル円でのトレードでそこそこの成績を収めるようになってくると、だんだん物足りなくなってくるものです。ＦＸは値幅が取れるほど利益を大きくできるので（その分損失も大きくなりますが！）、**もっと値動きが大きい通貨で利益を大きくしたい！**　と考えるようになるのです。

そこで多くのトレーダーが手を出してしまうのが、イギリスの通貨ポンドと円の通貨ペア「ポンド円」です。ドル円よりもずっと値幅が取れるので、もっと儲けやすくなると勘

違いした人たちがポンド円でトレードを始めます。しかし、値幅が取れてもっと儲かると思って乗り換えたとたん、負け始めるのです。

そもそもポンドはその値動きの激しさから「殺人通貨」とも呼ばれる上級者向けの通貨です。同じ材料に対する反応でも、**他の通貨よりも激しく動くので、利益も大きくなる分損失も大きくなります。**今までと同じルール、同じロットで取引していても、含み損が大幅に増えることになるので、恐怖感や焦りが増し、メンタルがやられてしまうのです。

そうなると**これまで成功していた売買ルールを守り続けることが難しくなり、損切りすべきところで躊躇してしまったり、利益確定ポイントまで待てずに決済して利益を小さくしてしまうことになり、成績が悪化する**のです。

その④
含み益が出たのでホールド　↓　相場が反転し、結局マイナス

これも本当によく出会う「あるある」なのですが、これは必ずしもトレーダー側に原因

があるわけではありません。どんなに正しいトレードをしていても、こうした局面は一定割合で発現し、絶対に逃れられないのです。

ここで重要なのはこうした局面を避けることではなく、ルール通りに売買できたかを検証することです。ルールを破って利食いを先延ばしにした結果、この「あるある」が発生してしまったのなら、ルールを破った自分の責任です。猛反省しましょう。

しかし、ルール通りに取引した結果、そうなってしまったのなら、仕方ないとあきらめて忘れることです。これを気にし過ぎると、「ルールを変えよう」ということになってしまい、結果としてルールが定まらず、かえって負けを繰り返すことになります。

その⑤
脳内トレードなら無敵 ↓ 実際に取引すると、全部逆に動く

「これは上だよね～ポジション持ってないけどね～」なんて思っていたら、ドンピシャ。ただチャートを観ている時だけでなく、デモ口座で取引している時なんかも絶好調だったりするものです。それなのに、いざ本番口座で実弾を放ってしまうと、うまくいかない。

なぜこういう現象が起こるのでしょう。

自分ではなかなか意識するのが難しいのですが、これにはかなりメンタルが影響しています。**自分のお金がリスクにさらされていない状況だと中立な姿勢で冷静な判断と予想ができるのに、実際に自分の大切なお金がリスクにさらされてしまうと、とたんにそれができなくなる**のです。

また、ポジションを持っていると、無意識に自分に有利な予想や情報を信じてしまいがちになります。冷静に考えれば明らかに下落トレンドに転換したと判断できる局面でも、買いポジションを持っていると、ＳＮＳなどで上昇を予測する声や上昇する材料だけを拾って信じたり、下落要因は見ないふりをしたりするわけです。「まだ反転上昇する可能性はある」と希望的な判断をしてしまい、結果的に損切りが遅れて損失を膨らませてしまうといった悲劇につながってしまうのです。

その⑥
利益確定した後に、もっと相場が伸びて後悔

リカク（利益確定）はできているので決して損をしたわけではないのですが、これは悔しいんですよね〜。後から詳しく解説しますが、人間の脳は利益の喜びよりも損失のダメージの方を強く感じてしまうので、どうしても**利益をなるべく早く確定して確保しておこうとする力が働きます**。

早すぎる利益確定を避けるには、**利益確定のルールを決めたら、何が何でもそれを厳守することに尽きます**。反転するのが怖くて、「ちょっと早いかもしれないけど利が乗っているうちに決済してしまおう」などと、適当な理由をつけてルールを破ろうとする自分との闘いに打ち勝つことが必要なのです。

しかし、これを実行できたとしても、この「あるある」と完全に決別することはできません。「尻尾と頭はくれてやれ」という有名な相場の格言があるように、そもそも大底で買ったり天井で売るというのはどんなカリスマトレーダーであっても不可能です。**完璧な利益確定はできない**ということも理解しておきましょう。

その⑦
スワップ狙いで高金利通貨をホールド　↓　購入直後に暴落

恐ろしいですね〜。高金利通貨を買って持っておくだけで、スワップポイントがチャリンチャリンと積み上がり、うまくいけば通貨自体も上昇して為替差益まで出てしまう…、そんな夢のようなシナリオを描いたはずなのに、直面するのは日々膨らんでいく含み損なんですから。

ＦＸでは「スワップポイント」といって、通貨同士の金利差が利子となって、ポジションを持っているだけで金利差にあたるお金が毎日口座に積み上がっていくしくみがあります。しかも、ＦＸではレバレッジをかけて資金額の最大25倍のポジションを持てるので、実質的な金利は10％とか20％といった嘘みたいなスワップ収入を得ることも可能です。

実際、こんな夢のようなトレードが、誰でもできていた時代がありました。まだ金利が高かった２０００年代は、金利の高い新興国はもちろん、米ドルを買って寝ているだけで儲かるスワップトレードが大流行した時期があるのです。ところが、２００８年のリーマンショックを機に先進国は軒並み金利を引き下げ、高金利の新興国通貨も大暴落したため、こうしたトレードはできなくなってしまいました。しかし、暴落の幅があまりにも大きかったため、まだ金利の高いトルコリラや南アフリカランドなどの新興国通貨に対し、「さすがにこれは底では？」と考えるトレーダーもたくさん出てきました。

底であるという根拠は何もなく、ひたすら史上最安値を更新していたわけですが、勇気ある「トルコリラ戦士」や「南アフリカランド戦士」たちが次々と相場に戦いを挑み、底だと信じたレートからさらなる暴落に見舞われてしまいました。**値下がりによる為替差損が、コツコツ積み上げるスワップポイントをはるかに上回り、戦士たちの多くは強制ロスカットの憂き目**に遭い、散っていきました。

これは完全に、計画性の不足にあります。そもそも、史上最安値を更新し続ける通貨を買うこと自体、自殺行為といえます。それでもやろうとするなら、どこまで下落したらどのぐらいの損失が出るかを事前に計算し、強制ロスカットを避けるにはどのぐらいの証拠金が必要か、どこまで下落したら損切りするかといったことを**綿密に計画する必要があります**。

戦いに敗れたスワップ戦士の多くは、日々もらえるであろうスワップポイントについては念入りに計算してニンマリしていたわけですが、下落したときの損失を計算していなかったのです。

その⑧
レバレッジを上げた途端に負けるようになる

これは、ポジションを持つと勝てなくなる「あるあるその5」と、理由は共通しています。ポジションを持っていないときは冷静な判断ができるのと同様に、小さいロットでトレードしている間は利益や損失が少額なので、的確な意思決定ができます。

しかしそのうちに、「たかだか1000円の利益じゃ満足できない！　せめて1万、いや10万円儲けたい！」と思うようになります。1000円勝てた時と同じ方法で、売買する通貨の量を10倍にすれば1万円儲かる、100倍なら10万円儲かる！　と考えてしまうのですが、現実はそうではありません。**調子に乗ってロットを大きくすると、逆行した場合の含み損が大きくなって動揺します**。思惑通りに動いた場合でも、利益が大きくなってドキドキしてしまい、**その利益を十分伸ばすための適切な判断力を失ってしまう**のです。

ルールにのっとった判断ができず、感情に任せて動いてしまうため、結果として相場が思惑と逆に動いた場合に損切りが遅れて損失ばかりが大きくなり、思い通りに動いた場合は利益確定を急いでしまうため、損が大きく利益が小さい「損大利小」の状態になってしまいます。

ＦＸの経験がある人ならきっと「あるあるぅ〜」とうなずいていただけたと思います。実はこの８つの「あるある」、現象は違っていても、**原因はほとんど共通している**ことにお気づきでしょうか？

実は「ＦＸあるある」は、トレード手法そのものが原因であるケースはあまりありません。それよりも、**「メンタルを健全に保てない」ことが原因になっている**のです。ＦＸでは、判断に感情が入れば入るほど負けます。次章では、メンタルの重要性とメンタル管理力を向上させる方法について解説していきます。

第3章

「豆腐メンタル」を「神メンタル」に変えて、勝ち組トレーダーに！

豆腐メンタル・神メンタル　15のチェックシート

ＦＸって儲かりそう――そんな期待を抱いてスタートしたのに、資金は減っていくばかり、という人は、あなたの「メンタル」が、トレードに悪影響を及ぼしているのかもしれません。以下のチェックテストでは、**あなたが勝ちやすいメンタルの持ち主か、あるいは負けやすいメンタルの持ち主かがわかります。**

【勝ちメンタルｏｒ負けメンタル？　チェックシート】

- □　1　売買ルールを破ってしまう時がある
- □　2　損失が出ると感情的になってしまう
- □　3　本来であれば損切りする場面で、しなかったことがある
- □　4　負けると、次のトレードで取り返そうと思う
- □　5　当初の利益確定ラインまで待てずに決済してしまうことがある
- □　6　ＦＸに夢中になっている

□　7　ポジションが気になって仕方ない
□　8　PCやスマホでチャートを確認する回数が多いと感じる
□　9　ポジションがない時はつまらないと感じる
□　10　損益が増減するのを見るのが楽しい
□　11　「○○のせい」とつい責任転嫁をしてしまう
□　12　SNSなどで含み損を抱える人を見つけると、正直うれしい
□　13　生活などに必要な額を稼ぎたい
□　14　「チャンスかも」と感じてなんとなくエントリーすることがある
□　15　連敗すると「また負けるかも」という恐怖に駆られる

あなたはいくつありましたか？

0個　多分そんな人はいません、いたらFXの神
1個〜3個　いい線いっています
4個〜9個　やや危険、このままだと資金を失いかねません
10個以上　非常に危険、一刻も早くメンタル管理の対策を

15項目あるチェック項目は、いずれも**負けトレードにつながる行動を誘発しやすい危険なメンタルの状態**です。まずは、それぞれ簡単に原因と対策を挙げてみましょう。

1　売買ルールを破ってしまうことがある

【原因】

▼売買手法が**自分に合っていない**可能性がある

▼**メンタルの許容範囲を超えた資金**でトレードしている

【対策】

▼売買ルールを見直す

▼資金を減らす、ロットを減らす、分析を行う

2　損失が出ると感情的になってしまう

【原因】

▼**感情的になってしまうような金額やロット**でトレードをしている

【対策】

▼資金を減らす、ロットを減らす

3　本来であれば損切りする場面で、しなかったことがある

【原因】
▼損切りボタンをクリックできなくなるような金額で取引している
▼ルールが不明瞭で損切りポイントがはっきりしていない

【対策】
▼資金を減らす、ロットを減らす
▼損切りルールが明確になるよう見直す

4　負けると、次のトレードで取り返そうと思う

【原因】
▼取り返したい、悔しいと感じるような金額で取引している

【対策】
▼短期的な収支にこだわっている

▼資金を減らす、ロットを減らす
▼目標を長期的なものにする

5 当初の利益確定ラインまで待てずに決済してしまうことがある

【原因】
▼**利益を早く確定しておきたい**という気持ちに負けてしまう
▼**なんとなくの満足感で利益確定**をしている

【対策】
▼利益確定の軸となるルールを決める

6 FXに夢中になっている

【原因】
▼**興奮するようなロットや資金**でギャンブル的になっている可能性がある

【対策】
▼資金を減らす、ロットを減らす

7　ポジションが気になって仕方ない

【原因】

▼金額や資金が、**自分の健全なメンタルを保てる範囲を超えている**

【対策】

▼資金を減らす、ロットを減らす

8　ＰＣやスマホでチャートを確認する回数が多いと感じる

【原因】

▼金額や資金が、自分が健全なメンタルを保てる範囲を超えている

▼取引手法が**生活時間やライフスタイルと合っていない**可能性も

【対策】

▼資金を減らす、ロットを減らす

▼手法や時間帯を見直す

9　ポジションがない時はつまらないと感じる

【原因】

▼**早く稼ぎたい、たくさん儲けたい**という焦りがある

▼時間がありすぎる

【対策】

▼エントリーすべきかどうかの**判断基準があいまい**

▼自分のエントリー傾向を分析し、見直す

▼エントリーがない時の時間の過ごし方を決める

10　損益が増減するのを見るのが楽しい

【原因】

▼自分が興奮するような資金やロットで取引をしている

【対策】

▼資金を減らす、ロットを減らす

11　「○○のせい」とつい責任転嫁をしてしまう

【原因】

▼自分の**売買手法が確立していない**

【対策】

▼売買ルールを改めて確認し、あいまいな点をなくす

12　SNSなどで含み損を抱える人を見つけると、正直うれしい

【原因】

▼**FX、あるいは人生があまりうまくいっていない**

【対策】

▼他人の勝ち負けは自分に関係ないことを理解する

13　生活などに必要な額を稼ぎたい

【原因】
▼元手となる資金額を無視して稼ぎたい額を考えている
【対策】
▼稼ぎたい額を稼ぐのは無理と理解する
▼自分の資金で無理なくトレードできる目標を設定する

14　「チャンスかも」と感じてなんとなくエントリーすることがある

【原因】
▼売買ルールが確立していない、現状の分析ができていない
【対策】
▼エントリールールの明確化、分析

15　連敗すると「また負けるかも」という恐怖に駆られる

【原因】

▼手法に対する**分析不足、自信のなさ、短期的思考**

【対策】

▼自信を持てるようになるまで手法を分析し改善する、成績は長期的かつ確率で考える

これを読んで、何か気づくことはありませんか？

負ける原因やメンタルが乱れる要因はたくさんあるのですが、対策はだいたい共通しています。**「ロットを落とす」「売買ルールを明確化する」「自分のトレードを分析する」という3つの対策**を取れば、だいたい解決するのです。

FXで「勝ちメンタル」を獲得する3つの方法

1、ロットを落とす
2、売買ルールを明確化する
3、自分のトレードを分析する

FXは心理作用が働くと、大体負ける理由

前の章では「FXあるある」の数々を紹介しましたが、そのほとんどは、怖くなったり、調子に乗ったり、焦ったり、面倒がったり、リスクから目を背けるといった、**感情が原因**となって起こっています。こうした「負けメンタル」が、FXでの成功を遠のかせている最大の要因です。

「FXで負ける原因はほぼ、メンタルにある」といっても過言ではありません。裏を返せば、自分の感情に影響されることなく、機械のように淡々とトレードすれば、大きな負けはほぼなくなることになります。大きな負けがなくなれば、残るは大きな勝ちと小さな勝ちと小さな負けのみです。そうなると、トータルでは嫌でも勝つしかなくなります。

しかし多くのトレーダーはこれに気が付かず、**勝てる手法を探すことに心血を注いでいます**。必勝法や勝率の高い手法を求めてカリスマトレーダーのマネをしてみたり、本を買ったり、情報商材を買ったり、セミナーに参加してみたりと努力を重ねるわけです。これがすべて無駄な努力とまで思いませんし、良い手法を探すこと自体は悪いことではあり

ませんが、**どんなに素晴らしい手法に出会ってもメンタルが弱いと絶対に勝てません。**

勝てるトレーダーになるには、まずメンタル管理の重要性をマスターし、機械になって淡々とトレードできるようになることが最も重要です。とにかくFXは「機械になった者勝ち」です。**感情はコントロールするというより、完全に排除**しましょう。合言葉は「機械になって担々麺！」。感情に負けそうになったらとにかく、「機械になって担々麺！」を思い出してください。

機械になって担々麺

メンタル問題の８割を一発で解決する方法

そもそも、「メンタル管理」とはなんでしょうか。私は皆さんに出家して修業しろとか、瞑想して心を鍛えろと言いたいわけではありません。人間には欲があり、なるべく儲けたいし、なるべく損したくないと思うのは当たり前です。これを理解したうえで、メンタルが弱くなるしくみを知り、コントロールすることが重要なのです。

そもそもトレーダーのメンタルは、どういう時に乱れるのでしょうか。エビ君とカニ君という二人のトレーダーの取引例から考えてみましょう。

エビ君とカニ君は50万円の資金でトレードすることにしました。ドル円だと最大10万通貨ほどのポジションを持てる資金額です。エビ君はこの資金を元手に大儲けを狙って、10万通貨を一気にロングしました。一方カニ君は、資金を一度に使うのは危険だと判断して、まずは1万通貨をロングしました。

【CASE1】10pips上昇し、利益が出た場合

エビ君：やったー！　1万円の利益だ！　ここで決済して1万円の利益を確定しておこう！

カニ君：いい感じだな！　でもまだ利益は1000円だし、もう少し伸ばせそうだからこのままホールドだ！

【ＣＡＳＥ２】10pips下落し、損失が出た場合

エビ君：なんてことだ、１万円も含み損になっちまった！　今さら損切りなんてできないよ。待ってればきっと戻るはずだ。

カニ君：あーあ、１０００円のマイナスか。まあ仕方がない、ここは損切りだ、ポチッ。

【ＣＡＳＥ３】さらに50pips下落し、大損失が出た場合

エビ君：ギャー！含み損が５万円だと！　５万あればアレもコレも買えるじゃないか！　なんてことだ、気が狂いそう！　頼む！戻れ！戻ってくれ！　じゃないと強制ロスカットになっちまう！

カニ君：うわぁ、結構な急変動だったなあ。５０００円の損失か……。痛いけど、こういうこともあるよね。損切りポチッ。

エビ君とカニ君、あなたはどちらに共感しましたか？
まずは、大儲けを狙って10万通貨のポジションを持ったエビ君のトレードを振り返ってみましょう。

・大儲けを狙ったわりに、利益確定が早い
・損切りができなかった
・含み損が膨らんで気が狂いそうになった
・もはや手法どうこうという次元ではなくなってしまった

一方、1万通貨でスタートしたカニ君のトレードはどうでしょうか。

・利益を伸ばそうという判断ができた
・思惑と逆行して含み損が出ても、冷静でいられた
・損失が大きくなる前に損切りできた

エビ君のトレードは**損失が大きく利益が少ない「損大利小」**であり、これでは取引すればするほど損失が膨らんでいくことになります。一方、カニ君は**損失を小さくして利益を伸ばす「損小利大」**なので、小さな負けを重ねたとしても一度大きな利益を出せば十分カバーできるスタイルです。

それでも、エビ君とカニ君は、同じように利益を狙い、エントリー時は同じ資金で同じ方向のポジションを持っています。ふたりのトレードのどこに運命を分けるほどの違いがあるのでしょうか。

それは、**取引量**です。10万通貨のポジションを建ててしまったエビ君は、「儲けたい」「損したくない」という感情が大きくなりすぎて負けてしまったわけですが、1万通貨でエントリーしたカニ君は、損失も利益もあまり大きくなりすぎないので冷静な判断ができたわけです。エビ君が多少、大胆な性格だったとしても、ロットを小さくしておけば、利益を伸ばしたり、損失を小さく抑えることはそれほど難しくありません。エントリーの条件や方向が同じでも、**ロットの大小で私たちの心理状態は大きく左右される**のです。

メンタル管理の方法はさまざまあり、この後にも紹介していきますが、最も効果の高い方法は「**枚数を減らす**」「**小さく取引する**」に尽きます。実はこれだけで、**メンタルの問題の8割は解決**できてしまうのです。

ロットを張りすぎるな

「期待値」の高いトレードに絞るだけで、劇的に勝率は上がる

ＦＸで感情に支配されない行動をとるためには、**期待値の考え方を理解し、期待値の高いトレードに絞って取引することが重要**です。期待値の高いトレードとは、幸運に賭けるのではなく、負けた場合も含めた**確率で考えて勝てる可能性が高いトレードのこと**です。

たとえば、ルールの異なる３つのじゃんけん大会があるとします。あなたはどれに参加するか、考えてみてください。

A　参加費４０００円。勝てば１００００円獲得。負ければ０円。
＝期待値は１００円（10回勝負すれば参加費４０００円、平均５勝のリターンが５０００円）

B　参加費５０００円。勝てば１００００円獲得。負ければ０円。
＝期待値はゼロ（10回勝負すれば参加費５０００円、平均５勝のリターンが５０００円）

C　参加費６０００円。勝てば１００００円獲得。負ければ０円。

＝期待値はマイナス100円（10回勝負すれば参加費6000円、平均5勝のリターンが5000円）

アイコはなしで、必ず勝ち負けをつけるなら、じゃんけんの勝率は50％です。Aの場合、400円の参加費を払っても、平均すれば500円獲得できることになるので、期待値はプラス100円です。これを10回やれば4000円の参加費で、勝率50％で5勝するとして、5000円を獲得できる計算になるので**期待値の高い勝負**です。

一方、Bの場合、参加費が500円で、勝ち負けを平均すると獲得できるのは500円なので、期待値はフラットです。最初の1回で運よく勝てば500円トクしますが、何度もやっているうちにプラスマイナスはゼロに収れんします。10回勝負すれば支払う参加費は5000円で、勝率50％なので獲得できる賞金も5000円です。この勝負を何回続けても、**最終的には収支はゼロなので、あまり意味がありません**。

Cの場合は、600円の参加費を払って、獲得できる平均の賞金は500円なので、期待値はマイナス100円です。最初の1回で運よく勝てば400円トクしますが、何度もやっているうちに手元資金はマイナスになります。10回勝負すれば支払う参加費は

6000円で、勝率50％なので獲得賞金は5000円。1000円損することになるわけです。こうした勝負は**やればやるほど損が大きくなるので、挑むべきではありません**。

FXをやるなら、なるべくAに近いトレードに絞って実行する必要があります。フラットなBを基準に、少しでも勝率を高くできれば、最初のうちは運に左右されても回数を重ねることで資金は増えますし、たとえ勝率が少し低くても獲得賞金（FXなら期待できる利益）が大きければ、期待値は高められます。

しかし、現実には、わざわざCのような**不利な局面でトレードし、退場していく人がたくさんいます**。なぜならCのような局面でも、運よく勝つことはあるので**その場は利益が出る**からです。たまたま幸運に見舞われて勝てたとしても、同じようなトレードを繰り返せば資金はどんどん減っていきます。それなのに、「調子がいい」「俺は天才」などと勘違いして、ロットを大きくしたりエントリーを増やして、最終的には退場に追い込まれてしまうのです。

現実にはFXのトレードで正確な期待値を計算するなんて無理なのですが、こうした期待値の考え方を理解して、「**この取引は期待値が高いトレードだろうか、無理をしてその**

場限りの幸運に賭けていないか？」と自問することで、負けトレードは劇的に減らすことができるはずです。

この考え方を理解すると、**損切りに抵抗がなくなってくる**というメリットもあります。たとえばAのじゃんけん大会の場合、10回勝負すると5回は負けるので、その分の参加費は無駄になります。それでも残りの5回勝てば手元資金がプラスになるのですから、参加費は**この利益を得るための必要経費**ということになります。ＦＸのトレードでも同じように、**売買ルールに従った損切りは負けではなく、トータルで利益を出すための参加費**なのだと考えるようにしましょう。

運はアテにするのではなく己で掴む

行動経済学的に「損大利小はダメ」と決まっている

ＦＸでの理想的な取引は、損が小さく利益が大きい「損小利大」のトレードです。利益が大きく損失が小さければ手元に残る利益は大きく、期待値も大きくなります。しかし実際は、損失が大きく利益は小さい「損大利小」になっている人が大半で、**勝率は悪くないのにトータルでは大きく負ける**というのも「あるある」になってしまっています。

これは、人は利益の喜びよりも損失のダメージをより強く感じてしまう人間の脳の働きからきています。簡単に言えば、**人は1万円トクした喜びよりも1万円損した悲しみの方がずっと強く感じる**性質があるのです。

これは、次の質問に対する答えを考えてみると、わかりやすいと思います。

▼どちらを選びますか？

A…無条件で1万円もらえる

B…じゃんけんで勝ったら2万円もらえるが、負けたら何ももらえない

▼どちらを選びますか？
C…無条件で1万円失う
D…じゃんけんで負けたら2万円失うが、勝ったら何も失わない

実はAとBは、期待値がまったく同じです。同様に、CとDも同じです。つまり、どちらを選んでも有利不利はないのです。しかし、なぜか多くの人は、迷うことなくAとDを選びます。

なぜなら人は、**利益は小さくてもいいから確実に受け取ろうとするし、損失はたとえ大きくなるリスクがあってもゼロになる可能性に賭けようとするもの**だからです。これは行動経済学で「プロスペクト理論」と呼ばれる「人は不合理な行動をしてしまう」ことを示す理論で説明できます。

これはまさに、FXで「損大利小」なトレードをしてしまう判断と同じです。**含み益が出たら、利益がもっと伸びる可能性があっても目の前の小さな含み益を確定しようとするし、含み損が出るとこの後さらに損失が膨らむ可能性があっても、一か八かで損がなくなる可能性に賭けてしまう**のです。

このように、人の感情は常に「損大利小」になる選択をしようとします。小さい利益を早めに確定し、損はズルズルと引き延ばし、最終的には**積み上げてきた利益を一度の損失で吹っ飛ばしてしまう「コツコツドカン」**という結果を招いてしまうのです。

こうしてコツコツ積み上げた利益を一度の失敗で一気に溶かしてしまうと、それだけでは終わりません。まず、**「この損を取り返そう」とムキになり、冷静な判断力を失います。**そうなると、事前に決めた売買ルールを破ったり、条件に達していないのにエントリーしたりするので、どんどん期待値の低いトレードの沼にハマってしまいします。さらには、レバレッジもどんどん上がり、さらに身動きが取れなくなるという悪循環に陥ってしまうのです。

FXでは**自分の感情に従うほど負ける**というのは、このことからも明らかなのです。ただ、損大利小でも期待値的に良くなる場合もあります。「損大利小は100％悪い」ということではないので、その点はご注意ください。

コツコツドカンが起こる仕組みを知る

なぜ、「目標設定」をすると負けやすくなる人がいるのか？

目標を設定し、それを達成するための行動計画を立てて一つひとつ実践していく――。一般的には良いこととされていますし、実際それで目標の達成に近づくことは多いと思います。

しかし、**FXに関しては、目標を設定するのは必ずしも良いことではありません**。「早く儲けたい、たくさん儲けたい」と焦る気持ちが、**メンタルを乱して逆効果になる可能性が高い**からです。

たとえば、１００万円の資金でFXを始めたAさんとBさんがいるとします。１週間以内にAさんは１０１万円に増やす目標を、Bさんは２００万円に増やす目標を立てました。

１％増やしたいAさんと、１００％増やしたいBさんでは、**取れるリスクはまったく異なります**。Aさんは余裕を持った判断ができるでしょうが、Bさんの場合はそうはいきません。ただでさえ高い目標が、１度負けてしまうとさらに遠のくので、損切りすべき局面でもできなくなってしまうかもしれません。仮にできたとしても、取り返すために無理なトレードをしてしまいがちです。ましてや、「1週間以内」といった期限の目標を達成するために、条件がそろっていないのにエントリーしてしまって失敗することにもつながるでしょう。

目標に向かって努力し、ゴールにたどり着くことは大きな達成感につながることは確かですし、目標を立ててはいけないということではありません。ただ、**あなたが初心者だったり、勝てていないトレーダーであるなら、まずは成績よりも行動に関する目標を立ててほしい**と思います。

○○までに○○円、という利益の額ではなく、「あらかじめ決めたロット数を守る」「損切りポイントに来たら必ず損切りする」など、**自らの行動を目標にしましょう**。そして、それができたら自分を大いに褒めてあげます。成績に関する目標は立ててはいけないわけではありませんが、立てる場合は**期間を長めに設定し、少し低いかなと思えるゆるい数字**にしてください。

なだらかな右肩上がりの収支を目指せ

トレーダーを負けに導く「ポジポジ病」の正体

トレードしていないとつまらない、いつもポジションを持っていたい、こうした症状は「ポジポジ病」とも呼ばれ、FX投資家の間では長年の間、パンデミックのごとく蔓延しています。なぜトレーダーはポジポジ病にかかるのでしょうか？　その理由は5つあると考えています。

1、機会損失をしたくない

「さあトレードするぞ」とパソコンの前に座ったり、スマホアプリを立ち上げたりして、チャートを開き、エントリーポイントがないかを確認したけれど、今の時点では何もない。仕方がないので、他の通貨ペアにも監視を広げていろいろ見てみるけれど、どの時間足を見てもない。

こうした場合、なんだか損した気持ちになる人はいませんか。せっかくパソコンの電源を入れ、**やる気マンマンでチャートを監視していたのに何もすることがないとなると、それまでの時間が損したような気分**になります。せっかく時間を費やしたのだから、何かしないと損、という気持ちになって、エントリーチャンスではないにもかかわらず、適当に解釈を曲げて無理やりエントリーしてしまうというわけです。

「エントリーできない＝損」ではない

2、損失を取り返したい

ＦＸをするなら損切りは避けては通れないものなのですが、損切りするのは良い気分ではありません。ましてや、自分のメンタルにダメージを与えるような金額だとなおさらです。早くこの損を取り返して、むしゃくしゃした気持ちをスッキリさせたいと思うものです。

しかし、**損切りをした直後に、都合よくエントリーチャンスが来るものではありません。**損を取り返さなければならないと思っていると、獲得したい利益の額が明確になるので、それだけの利益を得るためにロットを増やすという間違った判断をしてしまうこともあります。結果、確度の高いエントリーチャンスではないタイミングで、しかも**身の丈に合わ**

ないボリュームで一か八かの危険なエントリーをしてしまい、さらに損失を重ねる結果になってしまいます。

取り返そうとドツボにはまる

3、早く稼ぎたい、もっと稼ぎたい

○○までに○○円稼ぎたい、といった無理な目標を持っていると、売買機会を増やす必要に迫られます。チャンスが来ないからといってポジションを持たずに過ごしてしまうと、1円たりとも増えないので、だったらとりあえずエントリーしておこう、となってしまいます。

結果としてはこうした無駄なエントリーは**損失になるか、良くてもトントンで撤退という結果に終わることがほとんど**です。早く稼ぎたい気持ちは理解できますが、こうした感情に駆られたトレードには、危険がたくさん潜んでいることを肝に銘じる必要があります。

出家坊主のごとく欲は持たない

4、暇である

時間があり過ぎたり、ＦＸ以外にすることがないという時も、ポジポジ病のワナが潜んでいます。平日に思いがけず休みが取れたとか、明日は休日だから朝までトレードできる、など、**時間がたっぷりあって意気込んでいる場面も危険**です。

なぜなら、**じっくりチャートを見られる時間と環境があるときに、都合よくエントリーチャンスが来るとは限らない**からです。本来は**暇だろうと忙しかろうと、明確なチャンスが来ていなければエントリーしてはいけない**のですが、「でもせっかくの休みだし、なんかやりたいな」と、安易にエントリーをしてしまうのです。ＦＸでエントリーの無い時間にはどうするか？　を決めておくと良いでしょう。

「やらない勇気」を持て

5、自分の手法の理解度が足りない

自分の売買手法を十分理解できていない場合にも、ポジポジ病は発症します。為替チャートやシグナルの読み方、資金管理などFXの基本に対する理解が足りない場合もそうです。**現状の分析が正しくできていないと、チャンスなのか見送りなのかについて正しい判断ができなかったり、基準を緩めて無理やりチャンスだと解釈してしまうようなことが起こります。**

例えば、ジャンケンで勝ったら1万円払う、負けたら2万円払うという勝負を挑まれたら、どうしますか。

だれでも、「勝っても負けても損する勝負なんでやらないよ」という判断ができるはずです。

でも、勝ったら9000円もらえて、負けたら1万円払うじゃんけんなら、「お金もらえるかもしれないからやってみるか?」と思ってしまうかもしれません。

しかし、1万円払うリスクを負って9000円を狙う勝負は、期待値が低いので乗るべきではありません。

FXにおいても、負うリスクと比較して狙える利益が小さそうなチャンスというのは往々にしてあります。冷静に期待値を見極めるには、基礎的な知識は不可欠です。

「何となくトレード」は大事故につながる

ポジポジ病の原因と3つの対策

ポジポジ病は損を呼び込む非常にやっかいな存在で、ＦＸで勝てないという人は**ポジポジ病を治すだけでも収支は劇的に改善します**。ポジポジ病の治療法としては、次の対策を試してみてください。

対策1、相場はいつでもあると意識すること

今、慌ててポジションを取らなくても、相場はいつでもあります。土日以外は基本的にオープンしているので、**焦らないこと**です。

対策2、短期的な視野を捨て、長い目で考えること

いつまでにいくら稼ぎたいといった短期的な目標に縛られていると、チャンスではないときに無理なエントリーをしがちになります。

対策3、エントリーを待っているときや、時間があるときにやることを見つける

暇すぎて無駄にエントリーすることを防ぐため、ゲームや読書、筋トレなど、**なんでもいいのでやることを決めましょう**。FXは「ついでにやる」ぐらいの気持ちでいるのがちょうどいいと思います。

「メンタルがヤバい」ときの3つの対処法

2章の「あるある」でも登場しましたが、**人はポジションを持っていないと適切な判断ができるのに、ポジションを持っていると、途端に中立で考えることができなくなってしまいます**。事前に決めた売買ルールではとっくに損切りサインが出ているにも関わらず、自分に有利な予想や情報だけを拾って信じてしまい、損切りができなくなってしまうのです。

このように自分のポジションを正当化してしまうと、後は「損切りしたくない」「きっと反転する」など根拠のない感情にズルズルと支配され、ナムナムとお祈りをしながら損を広げてしまうことになります。こうした乱れたメンタルはFXの最大の敵なので、まずは**中立的な思考を取り戻す必要があります**。そのための方法を紹介しましょう。

対処法1、自分の感情を分析してみる

ポジションが含み損になってしまった時、トレーダーが持つ感情は大きく2つに分けられます。ひとつが、「うわー、ヤバいな、どうしよう」とうろたえるか、「うーん、含み損になっちゃったけど、たぶん大丈夫じゃないかな」という感情です。

前者は、すでに「**損をしたくない！」という感情に支配されかけている状況**です。一方後者はまだ冷静さが残っています。エントリーした理由がまだ生きていたり、損切りをしなければならない条件を満たしていないときは、こうした精神状態になります。

自分の状態が前者だと判断できたら、一刻も早く機械になって、事前に決めたルールに従った行動をしてください。

対処法2、逆の立場になって考えてみる

自分が持っているポジションと逆のポジションを持っていたら、どう感じるだろうかと想像してみてください。それでもやっぱり、自分のポジションが有利だと思えるなら心配ありません。

この体験を強化するために、試しに一度、サブの口座を用意してごく少ないロットで両建てを体験してみるのもいいでしょう。メイン口座でエントリーしたら、サブの口座で逆のエントリーをしてみるのです。一定時間が経過したら、どちらの口座を有利と感じるか考えてみましょう。そちらを残して、不利な方を決済します。これをやってみると、自分の感情が判断に与える影響が実感できるはずです。

対処法3、逆行した場合の計画を立てる

どこで利益確定するかという計画より、どこでどう損切りするかを**計画する方が100倍重要**です。どこまで逆行したら損切りするか、どんな条件になったら損切りするかをしっかり決めておけば、機械のようにそれを実行するだけで、メンタルが邪魔する隙はなくなるのです。ルールについては後の章で詳述しますが、売買ルールをしっかり決めて、それを機械のように淡々と実行していくのが重要です。

もう一度大きな声で「機械になって担々麺！」

「負けた時」にやるべきこととは？

誰だって負ければ良い気分はしません。ましてや連敗すると精神的に追い込まれてしまったり、「向いてないのかな」「やめた方がいいのかな」と思い悩んだりすることもあるでしょう。

そんな時にはまず、**自分のメンタルが正常な状態かどうかを判断**しましょう。「取り返したい」「イライラする」といった感情があるようなら、勝てるトレードができる状態ではないので一度相場から離れる休息期間をつくりましょう。こうした状態でトレードを続けても、ムキになってルールを破ったり、無理なエントリーをしたりして、負けを重ねてしまうことが多くなるからです。「休むも相場」という格言にもあるように、相場が難しい状態のときや、**自分自身が正しい取引ができる状態ではないときには、潔く休むことも資産を守るための前向きな判断**です。

少し落ち着いたら、失敗を振り返り、敗因を分析してみましょう。これも精神的につらい作業ではありますが、**失敗した経験は最高の教材**です。勝てるトレーダーになるため、次に何をすべきかを最も具体的に教えてくれるのが自分の失敗体験だからです。

何が悪かったのか、自分の弱点は何か、改善できる点はどこかをしっかり考えましょう。その損失をただの損で終わらせるか、価値ある勉強代にするかはあなた次第です。こうした振り返りについては、4章で詳しく説明しています。

ただ、**事前に決めた売買ルールをしっかり守ったうえで負けたのであれば、それは気にする必要がありません**。こういう時こそ機械になって「そんなこともある」と割り切ってください。100％勝てる売買手法は存在しないので、全勝を求めるべきではないのです。

全勝を求めない

健全なメンタルを保つ「資金管理」のシンプルな考え方

この章は主にメンタルに関して解説していますが、資金管理の話もしておこうと思います。なぜなら、**資金管理はメンタルに大きな影響を及ぼす要因**だからです。せっかく淡々と機械になってトレードしていても、資金管理を間違えると途端に感情に支配されてしまいます。

資金管理については小難しい話をする人も多いのですが、私はごくシンプルに考えていいと思っています。重要なのは、**損失の額がメンタルに影響を与えない範囲に抑えるよう管理すること**です。

トレーダーの属性は千差万別で、３万円でトレードする人もいれば億単位の資金を動かしている人もいます。当然、メンタルに影響を与えない資金管理といっても、人によって大きく異なります。**１０００円の含み損でドキドキしてしまう人もいれば１千万円損しても機械のように対応できる人もいます**から。

そこで、重要な指標になるのは**「ためらいなく損切りできるか」**です。自分にとってためらいなく損切りできる割合、あるいはためらいなく損切りできる金額、ためらいなく損切りできる値幅はどの程度かをよく考えて設定し、これがすべて整う環境をつくりましょう。たとえば、資金の１％までならＯＫ、１万円までならＯＫ、あるいは１００ｐｉｐｓまでならＯＫといった具合です。

ポジションを持つ際は、この3つの条件を参考に「損切りプラン」を正確に立てて、機械のように実行しましょう。

条件がそろった損切りができれば資金管理はOK
1、ためらいなく損切りできる割合
2、ためらいなく損切りできる金額
3、ためらいなく損切りできる値幅

トレードでの損切りポイントは売買手法により異なり、「前回安値（高値）に達した時」「移動平均線にタッチしたとき」などさまざまなルールがありますが、この3条件の範囲に収まるかを十分確認して設定し、**すべての基準でためらいなく損切りできる環境を超えないよう調節するのが重要**です。

ためらいなく損切りできる範囲に抑えようとすると、取引のボリュームは自然と小さくなります。当然期待できる利益の額も小さくなるので、つまらないと感じるかもしれません。

しかし、そもそも**ワクワクするような利益が期待できる取引をしていては、逆行した時**

にメンタルが耐えられません。お金を失ってでもワクワク感やスリルを味わうのが目的ならそれでいいのですが、あくまでも**目標はお金を増やすこと**だということを忘れてはいけません。たとえ小さな利益でも、それを大きく減らすことなく積み上げれば、やがて大きな金額になります。継続して資金も増えてくると、メンタルも少しずつ耐性がついて、ためらいなく損切りできる条件がゆるくなってきます。ロットを増やすのは、その時でも遅くありません。

トレードに「ドキドキ」を求めてはいけない

「利益確定がうまくいかない」2大パターンとは？

利益を出せた場合でも、達成感がなくモヤモヤすることがあります。大きく分けると、そのモヤモヤは以下の2つのパターンに分けられます。

①利益確定が早すぎて「あの時我慢していればもっと利益を伸ばせたのになぁ…」と後悔する。
②利益確定が遅すぎて「もっと早く利益確定しておけば、もっと大きな利益が取れていたのに…」と後悔する。

そもそもこれは「失敗」なのでしょうか？　①の場合、自分が利益確定したポイントよりさらに伸びてしまったことで、その利益確定を失敗扱いしてしまっています。でも、**その考えではどんなトレードも失敗になってしまいませんか？**

そもそも、**自分が利益確定したポイントでピタッと折り返して反転するなんて、めったにありません**。利益確定した後でさらに伸びていったとしても、それは当たり前なのです。

せっかくルール通りに取引して勝てたのに、失敗したと落ち込んでいたらメンタルがやられてしまいます。

これは、反転してから利益確定した②のパターンでも同様です。そもそも、天井や底をピンポイントで当てに行くことなど不可能です。利益をなるべく伸ばそうとすれば、天井あるいは底を打ってから、含み益が最大だった時より小さくなったタイミングで決済するのはむしろ当然で、**決済ボタンを押した後の値動きに一喜一憂しても仕方がありません。**

いずれの場合も、**売買ルールに従って行った決済で利益が出たなら、それは成功トレード**なのです。

ただ、明らかに失敗と判断すべき例もあります。たとえば、107・500で利益確定するシナリオで、107・300あたりでヨコヨコになり、もみ合っているとします。

「なんだかチャートが怪しくなってきたなあ、決済ポイントまで届かずに反転したらイヤだから、念のためこのあたりで利益確定しておこう、ポチッ」

こんな風に勝手に利益確定を早めてしまうトレードは、多くの人が経験しているのではないでしょうか。そしてその結果、

「あぁー最初に思ってた107・500まで行ったじゃん！　さっきの俺バカ！　ルール

通りにやっていたら利益〇〇円だったのに！」と地団駄を踏むのも、「あるある」です。

このパターンでは、事前に利益確定ポイントを決めているにもかかわらず、「なんとなく怪しい」「このまま利益が少なくなる方向に動いたら嫌だな」「利益が出ているうちに」などと、**あいまいな理由やあせりからルールを破ってしまっています**。これは明らかにミスだといえます。

感覚で取引をしてはいけない

最低限知っておきたい5つの「心理学の理論」

この章では、FXにおけるメンタルの重要性を解説してきました。これらは単なる私の経験だけの話ではなく、心理学で使われる有名な理論です。最後に、FXに活用できる主な心理作用について解説しておきましょう。

▼プロスペクト理論

すでにこの章でも解説している理論です。**人は小さくても確実な利益を望み、損失は大きくなる可能性があっても避けたがる傾向**にあります。ＦＸだけでなく株式投資などでも投資家の行動に大きく影響します。自分の感情のままに行動していると、自然と利益が小さく、損が大きくなってしまうことを覚えておきましょう。

▼サンクコスト（埋没費用）効果・コンコルド効果

「これまでの時間や使った苦労を無駄にしたくない」という心理作用です。**このまま投資を続けると損失が大きくなるとわかっていても、それまでに費やした費用や労力が無駄になると思うとやめられなくなる心理**を指します。

本来なら損切りすべき場面でも、「こんなに長時間チャートを見ていたのだから」「これだけ時間をかけて分析したのだから」といった気持ちが、正しい判断を妨げてしまうのです。

これは投資以外の場面でも頻繁に起こる感情です。たとえば、２時間の映画を観に行ったけれど最初の30分で超絶に退屈で、残りの1時間半も同じだと確信できるようなとき、本来ならその場で出ていけば残りの1時間半は有効活用できるので、それが最善のチョイスになります。しかし、「お金を払ったのだし」「せっかく30分見たのだから」という心理作用が働くことでその場にとどまり、最終的には2時間を無駄にすることになるわけです。

▼認知的不協和

矛盾に直面したとき、認知的不協和と呼ばれる不快な気持ちが生じます。FXでいえば、上昇すると思って買ったのに、現実には下がってしまったような時、不快な気持ちに陥ります。この不快感を和らげるために、「たいした下げではない」と下落を過小評価したり、「このポジションは決済せず、そのまま現金化して海外旅行に使えばいい」などと、これまでなかったアイデアを追加したりして**ピンチを正当化**しようとします。当然ながら、正しい投資判断の妨げになってしまいます。

▼アンカリング効果

最初に提示された数字が、その後の判断基準に影響されてしまうことを指す効果です。

100円で売られている商品を見てもなんとも思わないのに、「1000円が100円に値下げ」と提示されるとがぜん興味が沸いて、購入を決めてしまうようなことはよくあるのではないでしょうか。

たとえばドル円が長い間、105円ぐらいで推移していたのに、急に上昇して110円台になってしまった場合、自分の売買ルールで買いシグナルが出ていても、「少し前まで105円だったのに」と思うと買えなくなったりします。あるいは、シグナルが出るより前にカリスマ投資家が「109円台が当面の目安」などと発言していると、やはり割高に感じて買えなくなります。

またトレンドが急に転換したときも、なかなか自分の目線を変えられないこともよくあります。判断力が低下している時や、自分の判断に自信がない時ほど影響を受けやすいので、事前に決めた売買ルールが絶対であることを再確認する必要があります。

▼バンドワゴン効果

多くの人が支持する対象には、さらに支持が集まるという現象です。行列を見ると「美味しい店なのかな？」などと気になって、自分も並んでしまったりするのが典型例です。

相場でもブームが起きてバンドワゴン効果を引き起こすことがあります。代表的な例としては、かつて高騰したビットコインがあります。安かったビットコイン価格が急激に上昇し、「ビットコイン長者」なる人たちがメディアで取りあげられて話題になると、「自分もやってみようかな」と話題性だけにつられて高値づかみをしてしまう人も数多く出ました。ビットコインに限りませんが、世間が大騒ぎしだすと、そこがピークであることは多いものです。

第4章

勝率51％以上の手法なら、
永遠に勝ち続ける「ルール」の作り方

その手法は本当に「使えない手法」ですか？

ＹｏｕＴｕｂｅで実際に取引を公開し、コンスタントに利益を出していると、「勝てる手法を教えてください！」とか「どんな手法で取引しているんですか？」と聞かれることが増えました。もしかしたら、おそらくこの本を買ってくださったあなたも、そうなのではないでしょうか。「ボリンジャーバンドを見るだけで月収１００万円！」といった「神手法」を期待したのかもしれませんね。

個人トレーダーからのニーズが異常に高い「勝てる手法とは？」という質問に対する私の答えは、ただひとつ。

なんでもいい

今、あなたが試しているその手法も、ちょっと興味を惹かれているアノ手法も、あなたが過去に「使えねー！！」と切り捨てた手法も、次の章で紹介する私の手法も、全部あなたにとっての「神手法」に発展させられる可能性は十分あります。これまで勝てなかったのは手法のせいではなく、**そのルールを厳格に守り、分析し、洗練させていくことができなかったせい**なのです。

実際、世の中にはＦＸで継続的に稼いでいるカリスマトレーダーが何人もいますが、その手法は千差万別です。師匠に教わったとか、誰かの真似をしたという人も当然いますが、ほとんどは**それをベースに自分なりのアレンジを加えたり、経験知が積み上げられた結果**です。一つの売買手法をルールに従って厳しく実行し、それを分析し、改善を繰り返して、自分だけの必勝法にたどり着いているわけです。言い換えれば、**あらゆる人が勝てる共通の売買手法など存在しない**のです。

ルールがあると勝てるようになる3つの理由

私は日ごろから、決めた売買ルールに従って取引することを、ＹｏｕＴｕｂｅで口酸っぱく繰り返しています。世の中にはさまざまな売買手法があり、インターネットで公開されていたり、本になっていたり、商材として販売されたりしていますが、まずは**「コレ」と思える手法を決めて、そのルールに従った取引を機械のように続けていくこと**を勧めています。

最初は損ばかりになるかもしれませんが、よほど「これは絶対に自分に合わない」と確信できる場合を除いて、**痛くない金額でとにかく続けるべき**です。

手法そのものの良しあしは、さほど重要ではありません。勝率80％の神手法にたどりつかなくても、55％程度が見込める手法であれば、ルールを破らない限り回数を重ねればお金は増えていくものです。**重要なのはとにかく手法を決めて、そのルールを守り続けること**です。ルールを破ると勝率も利幅もブレてしまうので、期待する結果が得られないし、その手法に対する正確な評価もできなくなるからです。

売買ルールを定めることには、以下のようなメリットがあります。

1、機械的に淡々と売買できるようになる

前述した通り、人間の心理はそのままだと負けるようにできているので、感情の赴くままにトレードしているとあっという間に資金を失います。ルールを定めて感情を排除し、機械のように淡々と売買を実行するのが勝利への近道です。

2、判断に迷わなくなる

エントリーするかどうか、決済するかどうかはすべてルールに該当するかどうかで決めるので、迷うことがなくなります。

3、客観的なデータを取得できる

感情が入ったトレードでなければ、ある程度回数を重ねてデータを蓄積することで、手法そのものに問題がないか、自分に合っているか、改善できる点はあるかといったことを客観的に評価し、勝率を上げていくことができます。

4、メンタルが安定する

「ああすればよかった、こうすればよかった」と後悔することがなくなります。負けてもルールに従った結果なら納得できますし、自分を責める必要はなくなります。

勝てる手法の選び方、シンプルな4つの基準

ただ、「ひとつの手法に決める」ということ自体に、難しさを感じる人も多いでしょう。実際、多くのトレーダーが勝てる手法を求めてさまよっています。

成功している投資家が100人いれば、手法は100通りあります。**誰かが成功している手法を、あなたがそっくりまねたからと言って、同じように勝てるわけではありません。**そもそもトレードできる時間帯も人によって異なりますし、性格や得意分野によって結果を出しやすい手法も違います。

世の中に星の数ほど公開されている手法の中から、自分に合ったものを探していくには、少しずつ条件を絞り込んでいくのが近道です。その条件は大きく分けて以下の通りです。

１、生活時間帯

まずは**自分のライフスタイルを考慮して、トレードする時間帯**を決めます。その間にチャートを監視できる時間がどの程度とれるか、あるいは１日１回程度のチェックでなんとかしたいかを考えましょう。

たとえば、昼間に働いていてチャートを見る余裕がないなら、夜から深夜の時間帯にするか、あるいは仕事中はポジションを持たない手法や、仕事中にチャートを見る必要のない手法である必要があります。逆に仕事中でもある程度融通が利く人なら、手が空くことが多い数時間をＦＸに充ててもいいでしょう。

ＦＸでは時間帯によって開いている市場や相場の雰囲気が異なります。朝の６時ぐらいからシドニー市場がスタート、７時ごろから東京市場が、16時ごろからロンドン市場が、21時ごろからニューヨークの市場が動き出します。為替市場には株でいう東京証券取引所のような物理的な市場があるわけではなく、市場参加者が変わるだけなので、明確なオープン時間が決まっているわけではなく、目安です。

私の場合、ＦＸより前に株式のデイトレードにチャレンジしたこともあるのですが、**朝が苦手で９時の寄り付きの時間までに起きるのがつらかったので、すぐに辞めてしまった**

時間帯は目安。冬時間となる冬季は１時間程度遅くなる

為替相場のスケジュールを知ろう！

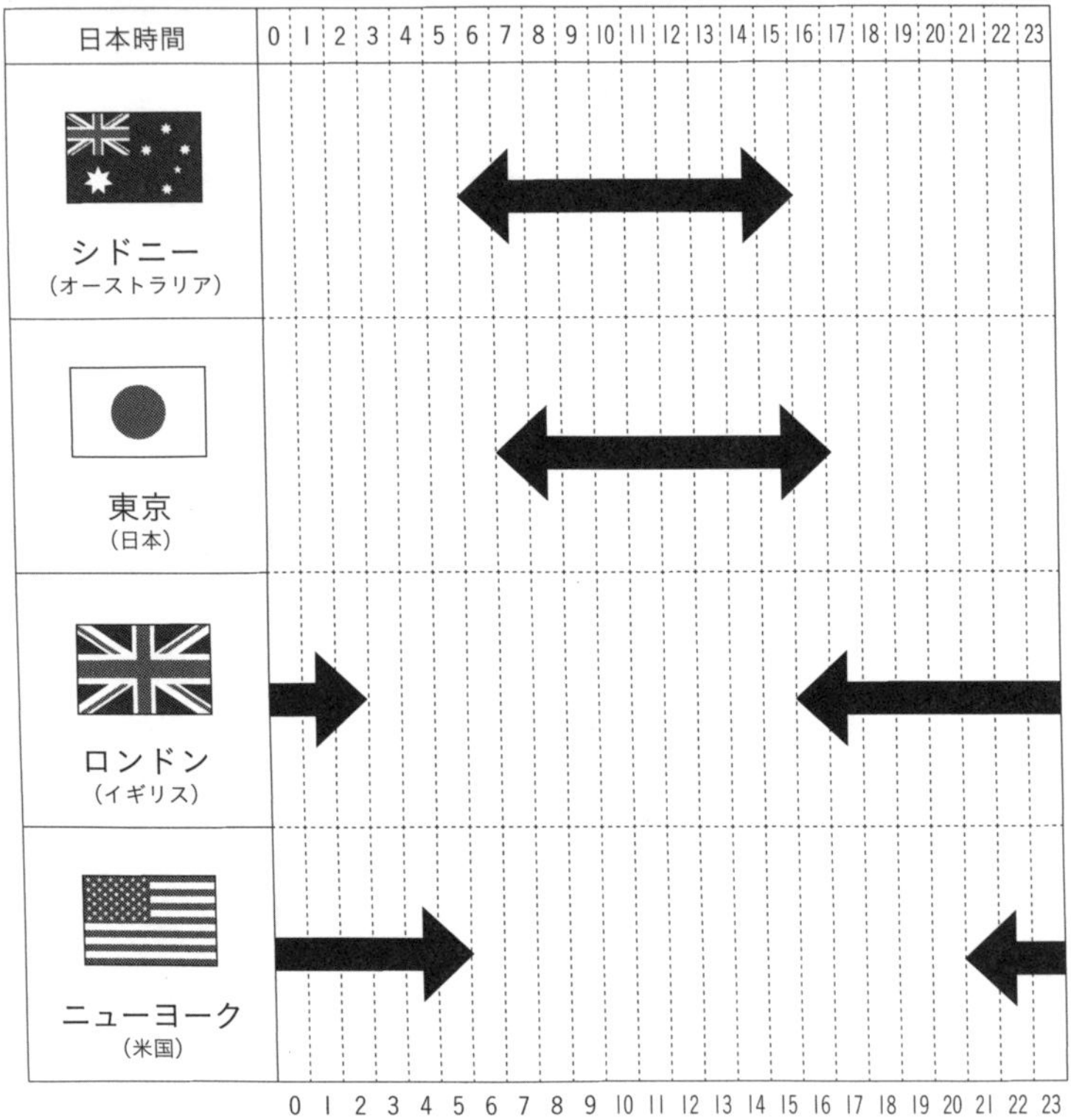

経緯があります。せっかく会社勤めを辞めたのに、無理に起きる生活を続けるのは生活の質が著しく下がります。**継続できないと意味がない**ので、こういう理由を優先して決めてもＯＫだと思います。

2、トレンド相場かレンジ相場か

一般的にはそれぞれの市場がオープンしてから2時間程度はトレンドが出やすくなったり、それまでとは流れが変わったりすることが多く、動きが活発になります。

それ以外の時間帯は方向感に乏しく、もみ合いになりやすい時間帯です。一般的にはトレンドが出やすい時間帯のほうが儲けやすいので、こうした時間帯にしぼって取引する人が多くいますが、もみあっているレンジ相場のほうが得意という人もいます。

トレンド相場とレンジ相場では、勝てる手法は異なるのが普通です。自分がトレードできる時間帯の中で、トレンドが出やすい時間帯を選ぶか、レンジになりやすい時間帯を選ぶか、時間帯が限られているなら**相場状況に合った手法を選択**しましょう。

レンジとトレンドとは

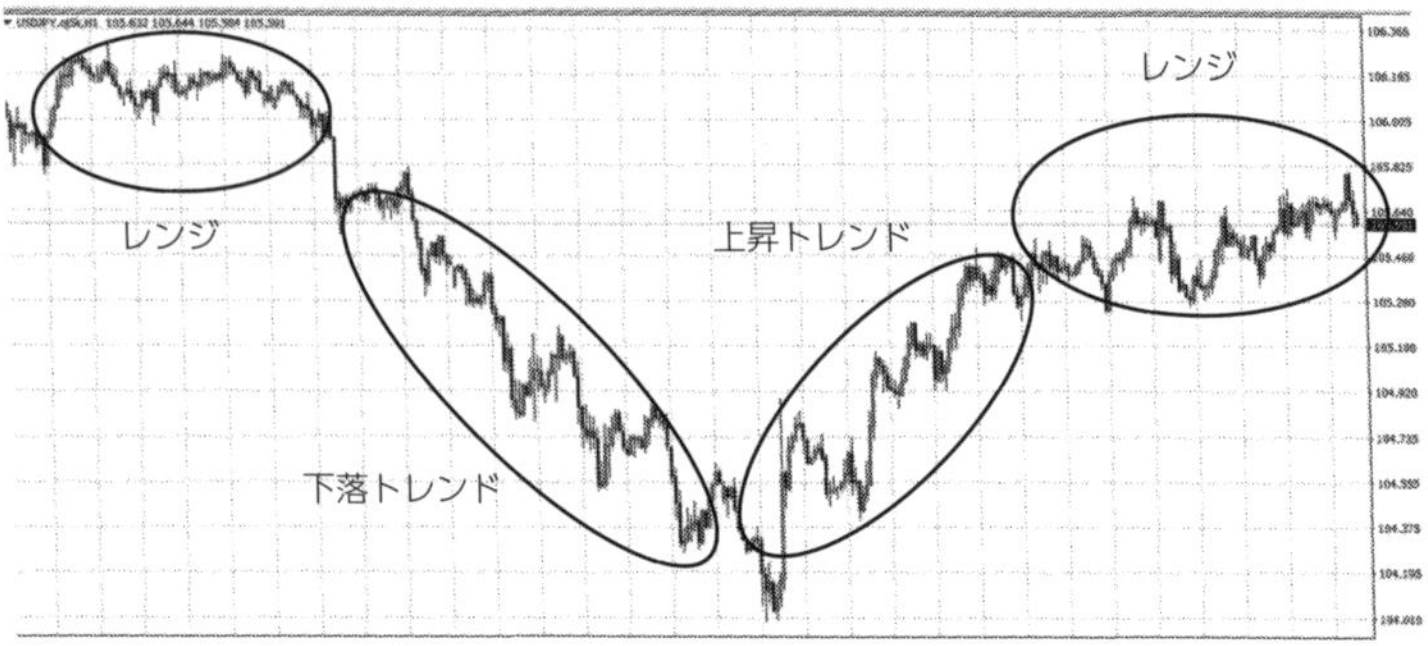

３、取引周期

ＦＸのトレードには、エントリーしてから決済するまでの時間軸がトレードスタイルにより幅があります。自分にはどれが合っているか考えてみましょう。

・スキャルピング

数秒から数分で決済するスタイル。１分足や５分足といった短い時間軸のチャートを監視しながらチャンスを狙う。利幅が狭いため、ある程度の利益を狙うならロットを上げる必要があるが、長く保有しないので相場の急変などに巻き込まれにくい。**集中力が必要。**

・デイトレード

１日の間でエントリーから決済を完結するスタイルで、ポジションを持って１〜８時間程度で決済する。一般的には専業のトレーダーでないと難しい方法ではあるが、会社勤めでも指値や逆指値注文などを駆使すれば不可能ではない。また、デスクワークでチャートを常時表示させて臨機応変に取引できる人もＯＫ。手法によって異なるが、チャートは５分足、15分足、30分足、１時間足を使うことが多い。**１日数時間トレードできる人なら可能。**

・**スイングトレード**

数日から、長ければ数週間保有するスタイル。じっとチャートを監視しているのが難しい人でも、1日に数回チャートをチェックできれば、日足や4時間足などを見て、指値や逆指値注文を駆使することでトレードできる。**初心者が取り組みやすいスタイル**でもある。

・**長期保有**

数か月から数年保有するスタイル。スワップポイントがマイナスになる方向には向かない。金利の高い新興国通貨で、スワップポイントの積み上げを狙う人が多いが、リスクは高い。

4、通貨ペア

いくつもの通貨ペアを監視してチャンスを広げようとする人もいますが、慣れないうちはドル円やユーロ円、ユーロドルといった主要な通貨ペアに絞る方が取り組みやすいでしょう。

最初は自分で1から手法を創ろうとするより、**すでにある手法の中から自分に合いそう**

なものを選ぶほうが簡単です。ネットで調べてもいいですし、ＦＸ雑誌、投資本などを探してみるのも手です。特定のＦＸトレーダーで自分の考え方や生活スタイルが近い人がいるなら、その人の手法を参考にするのもいいでしょう。

慣れていない人はなるべく**エントリーの条件が少なくて、わかりやすい方法がお勧め**です。自分に合っている手法でないと続けられないので、まずはそこを重視して選んでください。

ただし、まねるのはあくまで手法であり、特定のトレーダーのポジションやトレードをそのままコピーする「ミラートレード」は厳禁です。ミラートレードをしていてもスキルは向上しないからです。

今その手法を捨てるなんて、マリオなら8－4のクッパ手前で「リセット」するようなもの

とはいえ、最初はあまり深く考えず、ピンときた手法にトライしてみていいと思います。次章で紹介する私の手法でも、他のトレーダーさんの手法でもかまいません。最初は複数でもいいので**興味のあるものを試してみて、自分が取り組みやすいと感じた手法1つに絞り込みます。**

ここまでであれば、多くのトレーダーができています。問題はこの後です。この手法でしばらくやってみようと決めて、何回かトレードして、負けが続くと「この手法はだめだ」と結論付けてやめてしまう、という経験を持つ人は多いのではないでしょうか。

それが高額な商材だったりすると「詐欺だ！」などと怒りに燃え、たまたまネットで偶然見つけた手法だったら「やっぱり無料で落ちてる手法はだめだな」などとブツブツ言いながら、多くの人は次の手法を探し始めます。そして、別の手法を試してみるものの、うまくいかずにこれを延々と繰り返します。

これは、**ＦＸで勝てない人が陥る負のループです。負けている人はこれを何年も繰り返しています**。すっかり負けマインドが染みついてしまい、遅かれ早かれあきらめてＦＸをやめてしまうのです。

勝てるトレーダーになるには、一度手法を決めたら、最低でもそれで１００回はトレードする必要があります。できれば３００回ぐらいは取り組みたいところです。そうでないと、良い手法か悪い手法かは判断できないからです。

たとえば、勝率が50％の手法の場合、１００回やれば勝率は50％に収れんするでしょうが、最初の10回ぐらいは連敗してもおかしくありません。ＦＸでは勝率が低くても１回の勝ちが大きければ十分やっていけるのですが、**勝率が低い手法の場合は最初の20回ぐらいは負け続けるということもある**はずです。でも、これを理解せず、３回負けが続いただけで、「これはダメだ」と決めつけてしまう人がとても多いのです。

判断を急いではいけない理由は、まだあります。

どんなに良い手法でも、慣れないうちはなかなかうまく立ち回れないので、勝率も低く推移しがちです。それでも、ある程度経験を積んでくればチャートの見方や判断の仕方もわかってきますし、目の前にある相場が良いパターンなのか悪いパターンなのかもピンとくるようになり、負けパターンを回避できるようにもなってきます。

成功しやすいエントリーのタイミングも明確になり、**大チャンスなのか、あるいは見送りが賢明かも判断できるようになり、自信を持ってエントリーできるようになります**。こうして同じトレードをひたすら繰り返すことで、その手法をうまく使いこなせるようになり、勝率も上がってくるのです。

数回負けが続いたくらいで手法を変えていては、永遠にこのステージにはたどり着けません。もしかしたら、「勝てる手法」に変化するまであと一息かもしれないのに、そこでやめてしまうのは、マリオでいえば８－４までたどり着いてクリア目前、クッパの倒し方もマスターしたころにリセットボタンを押すようなものです。本当にもったいないことです。

とにかく最低でも100回は、決めた手法でトレードしてみましょう。良し悪しを判断するにはそのぐらいのサンプル数は必要ですし、勝率を計算するにもそのぐらいの分母は必要です。再現性のある手法で、一定の分母や回数を重ねたうえで手元資金をプラスにできる手法だと判断できれば、やればやるほどお金が増える価値ある手法になります。これなら、自信を持って続けられるはずです。

回数が足りないと、たまたま負けが続いたり、たまたま大勝ちが続くことがあるので、正確な評価ができません。とにかく短期的な勝ち負けにこだわらず、平均化できるまで繰り返し、運の要素を排除できるだけの回数をこなしてください。

それだけやって、勝てない手法だと判断できれば、別の手法にスイッチしてもOKです。

私は、**次の3つの条件のどれかに当てはまったら、自分に合わない手法と判断していいと考えます。**

①　3か月連続でマイナス
②　300回以上取引したが、勝てる見込みがない

③ 自分に合わない、どうしても納得できない

1番と2番、いずれかでもやり切った人は、やめるのも続けるのも辛いと思います。でも、ここまでやり切ったなら、トレーダーとして大きく成長しているはずです。自信をもって次の手法を探してください。

3番については、「勝てないから」といった理由で安易に判断するのは厳禁なのですが、どうしても自分に合わないと確信を持てるほどであれば、やめていいと思います。「これならできそう」「これはいい感じ」といった直感も重要で、その反対の印象がぬぐえないなら合わない手法である可能性は高いと思うからです。

勝てる手法にたどり着くまでのプロセス

1、自分にどんなトレードスタイルが合うかを考える

トレードの時間帯、レンジとトレンドのどちらを狙うか、トレードスタイル、時間足と通貨ペアを決める。

↓

2、手法を決める

ネットで検索、書籍や投資雑誌のほか、自分の考えに近いトレーダーのマネをしたり、有料のツールやインジケーター、商材を購入しても OK。セミナーに参加するなどしてもよい。いくつかトライしてみて、自分に合いそうな一つの手法に絞り込む。

↓

3、とことん実行する

自分に合うか、メンタルを保ちやすいか、納得できるかを考えながら、ルールに従ってトレードを繰り返す。この際記録を取りながら、最低でも１００回は繰り返す。

↓

4、良かったところはそのまま、悪い点を改善していく

記録を分析しながら、手法の悪い点を削っていく。

↓

5、自分に合った、勝てる売買ルールへと進化していく

３と４をひたすら繰り返すと、改善すべき点がなくなっていく。

Point!

負けるトレーダーは１と２をひたすら繰り返している

「どんなルールを試せばいいかわからない人」へ3つの指針

前述したとおり、売買ルールは自分に合うと思えるものでかまいませんが、見当もつかないという人は、以下の手法で始めてみてください。ＲＳＩというテクニカル指標だけを使ったとてもシンプルなルールです。利用しているＦＸ会社のチャートを見られれば、誰でもできます。

ＲＳＩは、売られ過ぎや買われ過ぎの状態を判断するテクニカル指標です。50％を中心として70％以上であれば相場は買われ過ぎ、逆に30％以下なら売られ過ぎであると判断されます。普段見ているチャートにＲＳＩを表示させれば、リアルタイムの数値が一目でわかるので簡単です。

・エントリー

ＲＳＩが30％を下回ったら買いエントリー

ＲＳＩが70％を上回ったら売りエントリー

・利益確定

RSIが70％を上回ったら利益確定
RSIが30％を下回ったら利益確定

・損切り

マイナス○pips、あるいは○円マイナスになったら損切り、と損切り幅を決めて実行

実はこれは、すでに1章で紹介した手法です。私が以前、メンタルにどっぷりつかった投資判断で負け続けた3年間と、再起を目指してFXを再開した時に使っていました。同じルールなのに、厳格に守るだけで収支が劇的に改善することを実感できた手法です。

とにかく簡単で、10人のトレーダーが試しても全員が同じ売買になる、というくらいわかりやすくてシンプルなので、慣れない人でも「ルールに合っている？」と迷う心配がありません。

この手法を、小さいロットで、毎日記録をつけながら3か月続けてみたことで、これまでのFX観が劇的に変わりました。ここから私の新しいFX人生が始まったといっても過言ではありません。

かつての私のようにルールを守ることに慣れていない人は、まずは守りやすいルールの手法でストレスフリーのトレードを体験してみてください。

騙されたと思って、トレード日記をつけて！　世界が変わります

新しい手法を試している期間には、簡単でいいので**毎日のトレードを記録することを強くお勧めします**。まずはその手法が自分に合っているか、そして勝てる手法かどうかを客観的に判断する必要がありますし、できればそれを検証する間にも勝ちを重ねたいものです。記録をつけることで、その両方を効率的に進められます。

記録をつけていないと、「今日は勝ったから寿司だ〜！」とか「今日はパウエルのせいで負けた（怒）」「3連勝！　俺天才かな〜」といった**感情しか残りません**。一つひとつのトレードはすべて学びと反省の宝庫なのに、実にもったいないことです。

記録をつけることで、「今日はルールをしっかり守って勝てた」「余計なことをしてしまって負けた」といったことを意識しやすくなり、**ルールを守る重要さが身体に叩き込ま**

れます。また、ルールを守っていても、ＦＸではどうしても調子がいいときと悪い時があるものです。記録をつけていれば、どんな条件が重なるとそうなるのかがわかるので、勝てるときだけに絞ってエントリーができるようになります。**負けパターンの共通点も見えてくる**ので、スランプから復活するための材料もそろえられることにもなります。

一時期、食べたものを毎回詳細に記録する「レコーディングダイエット」が流行しましたよね。「書かなければならない」と思うと、間食や食べすぎを抑制する効果があるほか、「そもそも書くのが面倒だから食べない」という効果もあります。

これはＦＸでも有効です。ふだんはポジポジ病気味の人が、毎回エントリーと決済について記録するルールを設定すると、「なんとなく」という理由ではエントリーしにくくなります。「書くのが面倒だから慎重になろう」と改心して、根拠が明確に記録できるタイミングにしぼってエントリーするようになるかもしれません。

記録のつけ方でイチバン大切なこととは？媒体はアプリでもジャポニカ学習帳でも！

では、具体的な記録のつけ方を紹介しましょう。何を記録するかは、大きく分けて４通りあります。

レベル１：収支だけ記録する
レベル２：収支に加えて、その日のトレードを振り返る簡単な一言コメントを記録する
レベル３：レベル２に加え、通貨ペアや取引レートも詳細に記録する
レベル４：レベル３に加え、その日の反省点を振り返って記録する

日記をつけるのが苦にならない人は、高いレベルで記録することにより詳細な振り返りや分析ができるでしょう。ただ、そうでない人が詳細に記録しようとすると面倒すぎて継続できないこともあり得ます。まずは**記録を継続することが最優先**なので、続けられそうなレベルでトライしてみましょう。ちなみに私は面倒くさがりなので、レベル２で続けています。私と同じように面倒くさがりの人には、簡単さと効果のバランスが良いレベル２

をお勧めします。ただし、レベル1まで簡素化してしまうと、後から評価するのがなかなか大変です。

書き込むのは手帳でもカレンダーでもアプリでもジャポニカ学習帳でも、なんでもかまいません。勝った日も負けた日も、**収支だけでなく、その日のトレードについて何か一言書いてください。**

トレード日記の「ココだけは見て欲しい」という箇所

この一言コメントを振り返ると、勝った日の勝った理由は、「ルール通りに淡々と取引できた」か「運がよかった」ぐらいしかないことに気がつくはずです。調子が良くなると、**「今日もルールを守って勝つことができた」**と書くことができます。これが何度か続けば、トレードする前から「今日もルールを守って勝つことができた」と書けるようがんばろう、と思えます。これが習慣化すれば、自然とトレードは改善されていきます。

一方、負けた日のコメントの多くは「ルールを破ってしまった」「ロットを大きくしてしまった」「飛び乗りした」「取り返そうとした」といった理由が多くなるでしょう。負ける理由は頭ではわかっていても、実際に**自分の負けパターンとなっていることを実感できるだけでも意識は変わります。**

記録をつけるメリットを実感できれば、もう少し詳細に記録してみたいと思う人もいるでしょう。その場合は、曜日や時間帯、通貨ペアや見ていた時間足で、**うまくいった時とそうでない時に偏りがないかを探してみましょう。**負けやすい曜日や時間帯などがあるなら、なぜその時にうまくいかなくなるのか、よかった時と何が違うのかを考えてみます。このときは、うまくいくトレードを増やすより、失敗トレードを減らすことを重視するのがコツです。

その問題が改善可能であればすぐにトライしてみましょう。それで成績が向上すればそれを継続し、向上しなければ再度改善策を検討します。このサイクルを繰り返し、改善すべき点がなくなっていくまで続けるのです。

負けパターンを克服するコツ

トレードの記録を見ると、自分の負けパターンがはっきりするというメリットもあります。

負けパターンは人それぞれで、「レンジ相場で負けやすい」とか、逆に「レンジをブレイクすると勝てなくなる」といった相場環境に左右されるものもあれば、「指標発表で安易に飛び乗ってしまう」とか「含み損が大きくなるほどナンピンしてしまう」「一度負けると、エントリーの条件を緩くしてしまう」といった心理面が原因となっているものもあります。

自分の負けパターンを理解することで、自分の弱みを知り、改善すべき点がわかります。また、避けられた負けだったのか、避けられない負けだったのかも判断がつくので、変にイライラすることもなくなります。

自分が苦手とする環境でのトレードがわかれば、それを排除することで負けを減らすことができます。失敗パターンが自分ではどうしようもないものだったり、改善できないなら、こうした局面にはトレードしない、と決めるのも手です。相性の悪い時間帯というものもありますし、トレードの回数や時間が減れば効率化にもつながり、別のことをする時間も確保できます。

「同じ失敗」でメンタルを削られないための基本ルール

ルールを守ったうえで負けたなら、それは必要経費であり失敗ではありません。ただ、「事前に決めたポイントで損切りできなかった」とか「条件を満たしていないのにエントリーしてしまった」といった同じ失敗を何度も繰り返してしまうのは、問題です。その時は「もう二度とやらない」と誓ったにもかかわらず、また同じことをやってしまうという経験を持つ人も少なくないのではないでしょうか。

同じ失敗というのは、最悪の失敗です。資金を失うばかりか、トレーダーとしての成長にもつながらないし、「またやってしまった…」と、メンタルや自信を大きく削られてしまいます。

「次は気を付けよう」と思うだけでは、おそらくまた同じ失敗を繰り返すことになるでしょう。そんな時は、**記録をつける、ロットを小さくする、売買ルールがあいまいになっ**

ていないか再確認するという基本に立ち返ってください。

損をするとつい、「相場が悪かった」とか、「仕事が忙しくて詳しく分析できなかった」などと、その負けの責任を自分以外の要因のせいにしてしまいがちです。自分の非を認めるのはつらい作業ですが、ただの負けになるか成功へのステップにできるかは、「自分のトレードに問題はなかったか？」と真摯に振り返ることができるかどうかにかかっています。

また、失敗の原因の一角は、メンタルの崩壊であることが多いので、ロットを小さくするだけでも改善するはずです。

エントリー、利益確定、損切り。3つの内でどれがイチバン大事？

FXでトレーダーが取る行動は、基本的に以下の3つだけです。

- ・エントリー
- ・利益確定

・損切り

この中で、**最も重要であり集中すべきは、エントリー**です。そもそも利益確定や損切りは、エントリーが成功したかどうかの結果発表みたいなもの。**エントリーの質を上げられれば、利益確定や損切りも自動的に良くなるもの**です。何より、３つの行動の中で、最も簡単に改善できるのもエントリーなのです。

というのも、一度ポジションを持ってしまうと、含み益にワクワクするか、含み損で焦燥感に駆られるか、あるいはレートが動かなくてイライラするかのいずれかになってしまいがちです。フラットな心理状態でいることが難しい状況なので、「機械になって担々麺」を続けることは簡単ではありません。

一方、**エントリーの判断は、通常はポジションを持たない状態で行うので、落ち着いたフラットな心理状態でいられます。正しい判断を行いやすい心理状態という大きなアドバンテージがある**わけです。

エントリーがうまくいかないという場合、その理由は以下の３つに分けられます。

・エントリーが早い
・エントリーが多い
・エントリーのポイントが判断できない

こうした課題を克服する方法としては、まず「見るものをシンプルにする」ことをお勧めします。

FXでは、勝っている人に手法を聞くと、**驚くほどシンプル**で拍子抜けすることがよくあります。手法がシンプルだと、迷いが少なくなって納得感のあるトレードができるので、結果的にうまくいきやすいと考えられます。

たとえば、「MACD、ストキャスティクス、RSI、移動平均線、アナリスト予想、NYダウ、金価格」を見てエントリーポイントを判断する人がいるとします。こんなに多くの指標や情報がすべて条件に合致することはめったにないでしょうから、この中のいくつかが条件に合致するとエントリーすることになるでしょう。

たとえば、ストキャスティクス、RSI、移動平均線、アナリスト予想が一致したので、エントリーしたところ、予想と逆行してしまった場合、「ダウ平均を無視したからだな、明日はＮＹダウに従ってエントリーしよう」ということになってしまいます。これでは毎回、うまくいかない言い訳が立ち、ブレまくりのエントリーを続けることになってしまうのです。

本来、エントリーを判断する材料は、**以下の２つあれば十分**です。

- **トレンドを判断するもの**
- **エントリーを判断するもの**

トレンドの方向がわかり、エントリーのタイミングを決める条件がそろったところでエントリーし、２つの条件がそろわないなら見送りです。使う情報を減らして判断をシンプルにすることで、迷いや後悔も減らすことができるでしょう。

ルールづくり、4つのポイント

自分でルールを作ろうと思う人や、既存のルールを分析して改善していこうとする人は、以下のポイントに注目してください。

1、そのルールを人に説明できるか？

あなたのルールを他の人が十分納得して、そっくりマネして売買できるぐらいしっかりと説明できるでしょうか。もし、うまく説明できないところがあったり、ぼんやりするところがあったりするなら、そこは自信を持って実行できない弱点である可能性があります。この状態でトレードしても、判断に迷ったり、ルールを破ってしまいたくなるおそれがあります。

2、必勝法はない、と理解する

人はどうしても、必勝法や安定して勝てる手法を求めがちですが、**100%勝てる手法はありません。**必勝を求めると、数回負けただけで心が折れてしまったり、この手法はダメだと決めつけてしまい、トレーダーとして成長することができなくなってしまいます。

3、「エントリー」「利益確定」「損切り」を押さえる

ＦＸでの３つの行動である**「エントリー」「利益確定」「損切り」を行う基準を、明確にしましょう。**その際、エントリーが多くなりすぎないか、損切りポイントは資金管理に影響を与えない範囲に収まっているか、利益確定の幅は小さすぎたり大きすぎたりしないかについて検証しましょう。

4、手法はできるだけシンプルに

エントリー条件が多すぎると、あやふやなエントリーになりがちです。特に慣れないうちはシンプルなルールにすることで、迷いも減り、チャンスが来たらすぐ判断して対応できます。利益や損失の計画も立てやすいので資金管理もラクになり、メンタルのコントロールもしやすいというメリットがあります。また、毎日のトレードを記録して評価・分析する際も、シンプルに分析できます。

できれば通貨ペアとトレードする時間帯、見る時間足も絞りこむと、その通貨ペアや時間帯の値動きのクセもわかるようになり、勝率も上がってきます。

「損大利小」病をカンタンに改善する方法

普段のトレードの方向性には問題なさそうだけれど、「損大利小」気味だと感じている人はいませんか。この場合、**エントリーが早すぎる可能性**があります。この場合は、エントリーをやや遅くしてみるのも手です。

指値でエントリーする人なら、普段のポイントよりも5pipsか10pips引いてみましょう。成行注文を使っている人なら、1回目のエントリー条件が来たときにはいったん我慢して、その次に条件がそろった時にエントリーしてみるのです。

こうするとうまくいった場合の利益が大きくなり、失敗した場合の損失も小さくできます。ただし、エントリーの回数は減ってしまいます。「あの時エントリーしておけばよかった」と思うこともあるでしょうが、おそらく「あの時エントリーしなくてよかった、助かった」と感じることのほうが多いはずです。

エントリーが早すぎるように感じている人は、ぜひ試してみてください。

期待値の考え方では、勝った時の値幅が大きければ、勝率は低めでもOKということになりますが、多少他の条件を犠牲にしても勝率を優先する方がよい場合もあります。

A　10％の確率で90pips勝ち　90％の確率で10pips負け
B　50％の確率で10pips勝ち　50％の確率で10pips負け

というふたつのパターンでは、どちらも期待値は同じです。しかし、Aのほうが連敗する可能性が高く、調子が上向く前に資金を大きく減らしてしまうおそれがあります。また、損小利大が期待できる手法であっても、負けが連続することでメンタルがやられてしまう人の場合は、なるべく勝率が高い手法を選ぶほうが成功しやすくなるでしょう。

「利益確定・損切りルール」を初級・中級・上級に分けてみた

利益確定と損切りのルールは、どのように設定するのがよいでしょうか。これには、難易度によってパターンが異なるので、まずは自分の経験値で決めてもよいと思います。

・**初級**

1、○円の利益（損失）が出たら利益確定（損切り）する

2、○pipsの利益（損失）が出たら利益確定（損切り）する

3、資金の○%の利益（損失）が出たら利益確定（損切り）する

・**中級**

1、直近の高値（安値）に置く

2、インジケーターやテクニカル指標のシグナルで判断する

・**上級**

1、すべて裁量で判断する

慣れない人は損切り額がわかりやすい初級パターンのいずれかから選ぶのがシンプルです。中級の方がより成果が出やすくなりますが、ご自分のメンタルや資金管理に響かない損切り額に収まるよう十分注意する必要があります。中級も慣れればそれほど難しくないので、初心者の人もある程度慣れたらステップアップしてみてもいいでしょう。

一方、スキルもメンタル管理も未熟な人がいきなり上級に挑戦すると、いずれ大負けすることになります。「FXって儲かりそうだな」と安易に手を出して、痛い目に合うのはだいたいこういう人です。これはごく一部の天才トレーダーがやることで、普通の人が安易に手を出すべきではないと心得ましょう。

「良いナンピン」と「悪いナンピン」の見極め方

初心者の中には、**ナンピンで大きな損失を負ってしまう人が多くいます**。ナンピンとは平均取得価格を下げること。たとえば、上がると予想して買った後に下落して含み損が出たために、そこからさらに買いのエントリーを入れることです。これで運よく反転してくれれば、含み損が減ったり、後の利益を大きくできますが、多くの場合そのままずるずると下落し、さらに何回もナンピンを繰り返して含み損を膨らませることになります。

相場の格言で、「下手なナンピンすかんぴん」と言われるくらいですから、ナンピンは典型的な失敗パターンです。ただ、１００％悪手なのかといわれると、そこまで言い切ることもできないでしょう。

含み損になってからでも、新しいエントリーをする根拠があり、さらに逆行した場合にどうするかというシナリオが立てられているなら、それは追加エントリーであって、ナンピンではありません。

ただ、多くの場合は、「この後はきっと上がるはずだ」と根拠のない思い込みに基づいていたり、「ここで買って少しでも戻せば、損失を小さくできるかもしれない」などとお祈りしながらエントリーする人が大半です。

「損失を減らしたい」とお祈りしながらエントリーした時、果たして反転する確率は高いでしょうか。むしろ、損失が出ているポジションと同じ方向にエントリーするのは、通常よりも期待値が低いエントリーである可能性が高いでしょう。つまり、根拠のないナンピンは期待値の低いエントリーを積み重ねていくことにほかならないのです。

とはいえ、ナンピンすることで実際に助かることがあるのも事実です。私の経験値では、8~9割ぐらいは助かるような気がしています。恐ろしいのは、こうして助かる経験をしてしまうと、「含み損が出たらとりあえずナンピン」という癖がついてしまうことです。

助からない確率が1～2割ある限り、そこに当たってしまうとポジションが複数積み上がったフルレバ状態の含み損がどんどん膨らみ、手持ち資金をすべて失う破滅的な損失を負うことになります。これまで積み重ねてきた利益も、たまたま幸運だったナンピンの成果も、**一度の失敗ナンピンですべて失うことになる**のです。まさに「コツコツドカン」の典型です。

含み損がなくなる可能性と、資金をすべて失う可能性を天秤にかけるなら、前者を選ぶ方が安全ではないでしょうか。私に言わせれば、計画性のないナンピンは「見ず知らずの人の借金の保証人になる」レベルに危険なことです。

計画性のあるナンピンと言ってもそう簡単ではないので、初心者ならナンピンそのものをNGとしてしまうほうが安全です。

ルールを「継続的に」守っていく7つの方法

繰り返しになりますが、ルールは守ることが何より重要です。勝てるルールかどうかをまだ判断できていない間は、その都度勝手にアレンジしていてはそのルールの良し悪しを判断できません。ルール通りにトレードを継続してこそ、そのルールに優位性があるかどうかを検証したり改善したりができます。

そして、本当に優位性のあるルールだと判断できたら、なおさら厳守しなければなりません。とにかく、トレードには一切の感情を廃し、「機械になって担々麺」の精神で、ひたすら淡々とルール通りにポチポチするのが重要です。

ただ、これが最も難しいということも、よくわかっています。そこで、ルールを守るための方法をいくつかご紹介します。

1、収支と感情の記録をつける

すでに説明したとおり、記録をつけるのはメリットがたくさんあります。**記録することでルールを守った日が勝てていて、破った日が負けている傾向が強いことはハッキリ見えてくる**からです。ルールの重要性を身体に叩き込むには最良の方法です。

合わせて、**ルール通りにできた日にはマル、破ってしまった日にはバツをつけるといった記録もおすすめ**です。子どもだましのように感じるかもしれませんが、実際にやってみるとバツを書きたくないという思いは意外と侮れない抑止力になることがわかるはずです。

2、トレードを減らす

トレード回数が多すぎたり、チャートを監視する時間が長すぎたりすると、ストレスと疲労が蓄積し、いいかげんなトレードになりがちです。**集中できる回数や時間をコントロールすることも重要**です。

3、長い目で考える

「収支をプラスにして１日を終えたい」とか「昨日も負けたのに、２日連続でマイナスなんて嫌だ」といった短期的な収支にこだわってしまうと、ルールを破りたくなる衝動に駆られやすくなります。それで結果的に助かるケースがないとは言いませんが、それでなし崩しにルールを破る癖がついてしまうと、**いつか大負けすることになってしまいます。**

4、ルールはシンプルに

たとえば、健康のためとはいえ、いきなり、「お酒もタバコもお菓子もジャンクフードも全部やめる！」というルールを自分に課してしまうと、つらすぎて続けられないですよね。ＦＸのルールも同じです。**いきなり詰め込みすぎず、シンプルなルール**で始めましょう。

5、習慣化する

最初はつらく感じるかもしれませんが、その苦しさがいつまでも続くわけではありません。習慣化して、それが**当たり前になってしまえば、びっくりするほどラク**になります。今を乗り越えて勝てるようになれば、勝つこともルールを守ることも当たり前になります。

6、タラレバを言わない

時にはルールを破った方が、良い結果になることもあります。「ルールにこだわらずに対応していれば」などと後悔するかもしれませんが、それを許してしまったらルールの意味がありません。「そういうこともある」と割り切って、**とにかくルールを守ることを最優先しましょう**。

7、ルールを守って負けたなら、ＯＫ

こちらも６と同様で、ルールを守っていれば必ず勝てるわけではありません。たとえ負けても、ルールを守ったうえでの結果は、後からルールそのものを検証し改善する際の貴重なデータになり、将来の自分に大きな勝ちをもたらしてくれます。**ルールを破って勝ったとしても、そこに価値はない**と考えましょう。勝っても負けてもルールを守れたら、その日はマル。自分を責めたり後悔したりする必要はないのです。

成行注文と指値注文はどちらが有利？　ポジポジ病に効くのは？

ＦＸではさまざまな注文方法がありますが、多くの人が使っているオーソドックスな注文は、「成行」と「指値」でしょう。成行は取引画面やチャートを見ながら、リアルタイムで表示されるレートで売買したいときに使います。売りボタンあるいは買いボタンをクリックすれば、その場で売買が成立します。

一方、指値注文は現在の為替レートよりも有利なレートになるのを待って取引するよう、事前にレートを指定しておく注文方法です。たとえば、ドル円が１０５円の時に、「１０４円になったら買おう」と指値注文を入れておくと、１０４円になった時に自動で買い注文が発注されるしくみです。

注文方法そのものに優位性があるわけではないので、**成行と指値のどちらが勝ちやすいかは一概にはいえません。使っている売買手法にフィットする注文方法を使うのがベストである**、ということになります。

ただ、私の場合、勝てなかった期間は成行しか使っていませんでしたが、**指値を使うようになって収支が劇的に改善した経験があります**。

成行注文だとチャートに張り付くことが多くなるので、どうしても張り付いた時間を無駄にしたくなくて、ポジポジ病に陥ってしまいがちです。また、軽い気持ちでエントリーしたり、ナンピンする機会も増えてしまいます。

また、何らかの材料があって相場が急変したときに、それをチャンスだと勘違いして、飛び乗って大けがをしてしまうことも多くなります。急変時は上下どちらかに大きく動いたと思いきや、突然大きく反転することもあるので、下手に飛び乗ると「往復ビンタ」を食らうことになります。

こうした問題の多くは、**指値注文に変えることで解決します。指値注文を入れて待つだけになると、チャートに張り付く必要がなくなりますし、ポジポジ病にもなりようがありません**。しかも、指値注文では事前の計画が不可欠なので、軽い気持ちでナンピンもできなくなります。注文は指値のみ、と決めていれば急変動でとっさに飛び乗るというのも難しいでしょう。

一般的に、スキャルピングやデイトレードでは成行注文を使うことが多いのですが、売買ルールにのっとったトレードを続けるには強い自制心や計画性が求められるため、人を選ぶ注文方法です。これでうまくいっている人はそのままでＯＫですが、かつての私のような状態にある人なら、いったん成行注文は封印して指値注文だけでエントリーするルールを試してみると、改善するケースもあると思います。

順張りと逆張りはどちらが勝てる？　徹底的に考えた結論

ＦＸには様々な手法がありますが、どういった局面を狙っていくか、という点も手法を選び磨き上げていくうえでの重要なポイントになります。そこで最も迷う点のひとつが、「順張りを狙うか、逆張りを狙うか」です。

順張りと逆張りといっても、実はもっと細かく分類すべきものだと思っています。次の表を見てください。

戦略の一覧

戦略	内容	解説
①順張りの押し目買い狙い	上昇トレンドの最中に落ちてきたところを買いで入る（下落トレンドなら上がったところを売る）	最もオーソドックスな基本戦略
②順張りのブレイクアウト狙い	上昇トレンドで前回高値や抵抗線を超えてきたところを狙う（下落トレンドなら前回安値や支持線を割ったところを狙う）	高値づかみになることもある。オーソドックスな戦略ではあるが、使っている人は多くはない
③レンジの往復逆張り	レンジ相場の上限で売り、下限で買い、を往復で何度も取る方法	人気のある戦略で、ハマると面白いほど取れる。レンジを抜けた時にうまく損切りができるかがポイント
④トレンドに逆らう逆張り	下落トレンドの最中に上昇を狙った買いで入る（上昇トレンドの場合は、下落を狙った売りで入る）	大損失のきっかけになることが多く、あまりお勧めできない。だらだらとナンピンしてさらに損失を膨らませるケースも
⑤神の逆張り	トレンド転換の瞬間をピンポイントで狙う。天井や大底でエントリーしようとする	かなりの経験値が必要、非常に難しいが的中させて大きな利益を上げる人もいる

イメージ図

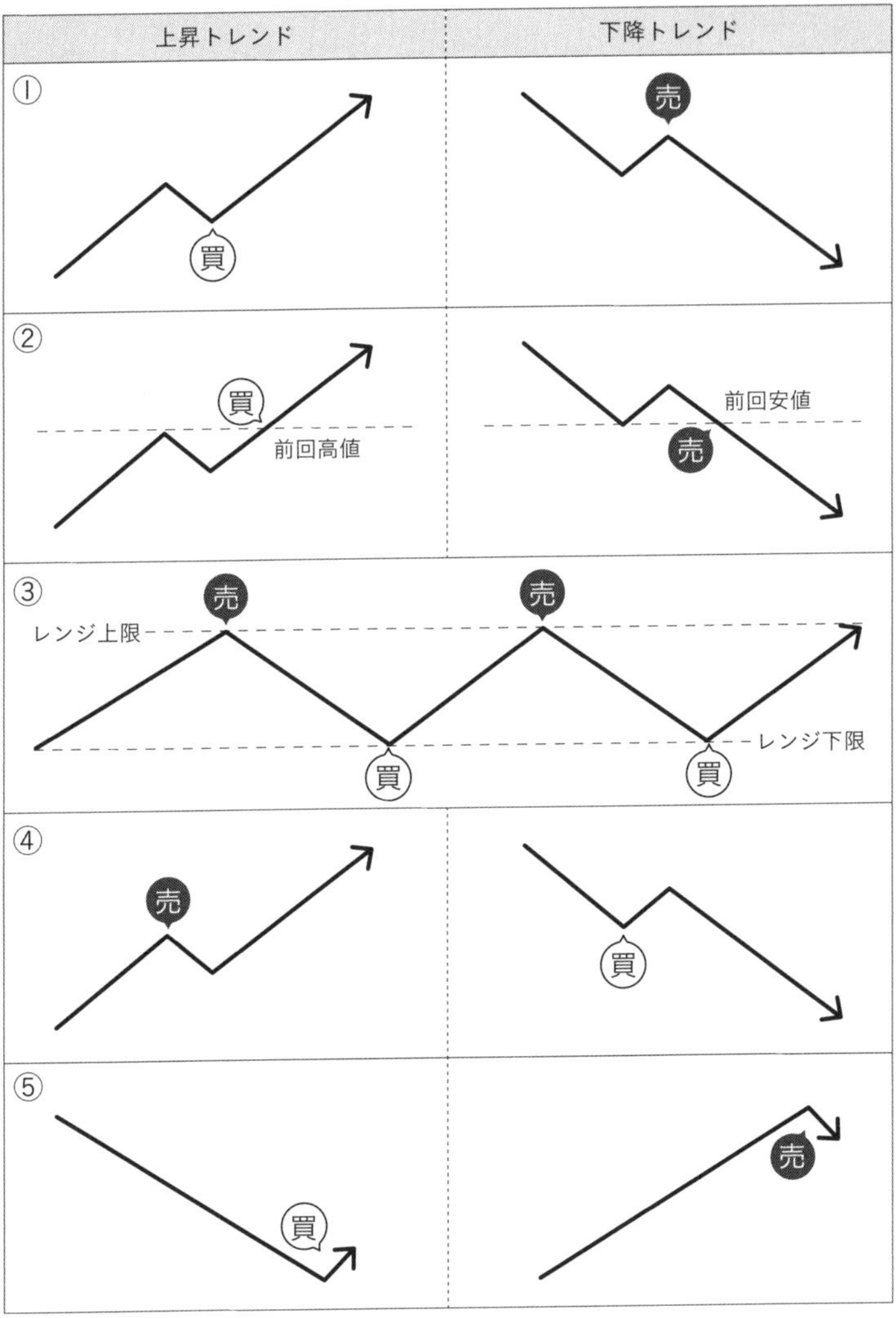

順張りはトレンドの流れに従うので利益を伸ばしやすい点がメリットですが、**トレンドが転換するタイミングに引っかかってしまうと高値づかみになる可能性**もあります。

一方、逆張りはうまくいけば底値で買ったり天井で売ったりと、転換点でエントリーして利益を大きくできる可能性がありますが、**トレンドに逆らう形になるので失敗すると損失が大きくなります**。

順張りと逆張りのどちらが勝ちやすい、ということはないので、どちらが自分に向いているかを見極めることが重要です。性格や好みにもよりますし、1日の中でもトレンドが出やすい時間帯とレンジになりやすい時間帯があるので、トレード可能な時間帯にも左右されます。

ただし、多くのトレーダーが経験している失敗は、圧倒的に**「⑤に挑戦しようとして、結局④になる」というパターン**です。「こんなに下がったのだから、そろそろ戻るだろう」と値ごろ感だけで買いエントリーして、

「あれまだ下落？　よしナンピンだ」

とポジションをさらに膨らませ、

「まだ戻らない！　どうしよう！　こんなに損失が大きくなった状態で損切りなんて無理！」

と焦り、最後には

「パトラッシュ、もう疲れたよ…」

となるわけです。

うつろな目で損切りのボタンを押すか、強制ロスカットになり、ポジションがなくなったとたんに反転するという悲しくも「あるある」のパターンですね。

シナリオを立ててルールを守ってやる分には、④も⑤も決してダメな手法ではないのですが、それができずに失敗する人がとにかく多いので、**よほどメンタルのコントロールに自信がある場合でない限り手を出さないのが無難**です。

私のお勧めは、大きな失敗につながりにくい**①の順張りでの押し目買いや戻り売り狙いと③のレンジ相場での往復逆張り**です。為替相場のトレンドは、そんなに頻繁に変わらないので、トレンドが判断できる限りは順張りのほうが安全です。その場合、トレンドを判断するための指標やインジケーターをひとつ決めるといいでしょう。移動平均線やトレンドラインなど、基礎的なものでも十分です。次の章で紹介する「カニ手法」も、順張りで押し目や戻り目を狙うトレードです。

デモ口座の賢い使い方　「デモだと面白くない！」は危険なサイン

初心者トレーダーには、「デモ口座で練習しましょう」とアドバイスされることも多いようですが、私はデモ口座に過度な期待は禁物だと考えています。デモ口座はあくまでアプリやツールの使い方を確認して、本番トレードでの誤発注を防いだり、スムーズに取引できるようにするためのもので、トレードスキルを向上させるものではないと考えています。

なぜなら、デモ口座はバーチャルであり、自分のお金を動かさないので、**メンタルに影響されることがありません**。FXの失敗の多くはメンタルからもたらされるので、メンタルが乱れないデモ口座と実際に自分のお金を動かすリアル口座ではまったく結果が異なることが多いのです。

ただ、手法や自分のトレードがうまくいっているかを確かめる手段として、デモ口座を活用するのはアリです。

たとえば、デモ口座で1週間程度（我慢できなければ3日程度でもOK）トレードしてみてください。それで、**「デモ口座つまらない」とか「デモだとあまり値動きが気にならない」と感じたり、興味を失ってチャートを見る回数が減ったりするようだと、普段やっているリアル口座での取引にかなりメンタルが入り込んでしまっている危険なサイン**です。デモでもリアルでもやっていることは同じはずなのに、メンタル面に大きな差が出てしまうというのは、トレードそのものにエンタメ性を求めてしまっている可能性があるということになります。

自分のトレードに問題を感じていないとしても、たまたまうまくいっているだけで、負け始めると損失を広げてしまう可能性があります。ロットを落とすなど、メンタルが影響しないよう対策を取りましょう。繰り返しになりますが、トレードそのものを楽しんでいると結果がついてきません。あくまでトレードは機械になって担々麺！　**楽しむのは増えたお金で！**　が鉄則です。

第5章

オーダーブックで＋1000万円を達成した私の手法、その基本と応用

世界中のトレーダーの動向が一目でわかる「オーダーブック」

この章では数ある売買手法の一例として、カニトレーダーカズヤングが日々実践している手法を紹介します。私の手法は大きく分けて2パターンあり、ひとつはメインで使っている手法、もうひとつは分析が苦手な人や長時間チャートを監視できない忙しい人でも可能な手法です。いずれもルールをしっかり守って実行すれば、トータルでは勝てる期待値の高い手法だと自負しています。

私が投資判断の武器として活用しているのが、欧米やアジア、日本など世界6拠点でサービスを提供するOANDAというFX会社が提供する「オーダーブック」です。オーダーブックは、同社が顧客から受ける膨大な量の注文やポジションの情報をグラフ化して無料公開してくれている情報です。市場の全参加者の情報ではありませんが、市場全体の大まかな動向を示してくれていると考えられます。

なぜ、こうした市場参加者の注文やポジションの情報が、トレードの武器になるのでしょうか。

多くのＦＸトレーダーは、為替チャートを見て、上げ止まりの目安となる抵抗線（レジスタンスライン）や下げ止まりの目安になる支持線（サポートライン）を引いています。

支持線まで落ちてきたタイミングで押し目買いのエントリーをしたり、抵抗線にぶつかったタイミングで戻り売りエントリーをするといった使い方のほか、抵抗線を超えて勢いづいたのを確認して順張りの買いエントリーをしたり、支持線を突き破って下落したのを確認して売りエントリーするという使い方もあります。

上昇トレンドの時は安値同士を結んだ線が下値を支える支持線になり、下落トレンドでは高値同士を結んだ線が上値を抑える抵抗線になります。また、すでに終わっているトレンドも含めて過去に何度も上げ止まったり下げ止まったりしたポイントを結んで水平な線を引くことで、これが抵抗線や支持線として機能することもあります。

支持線と抵抗線は役目が変わることもある

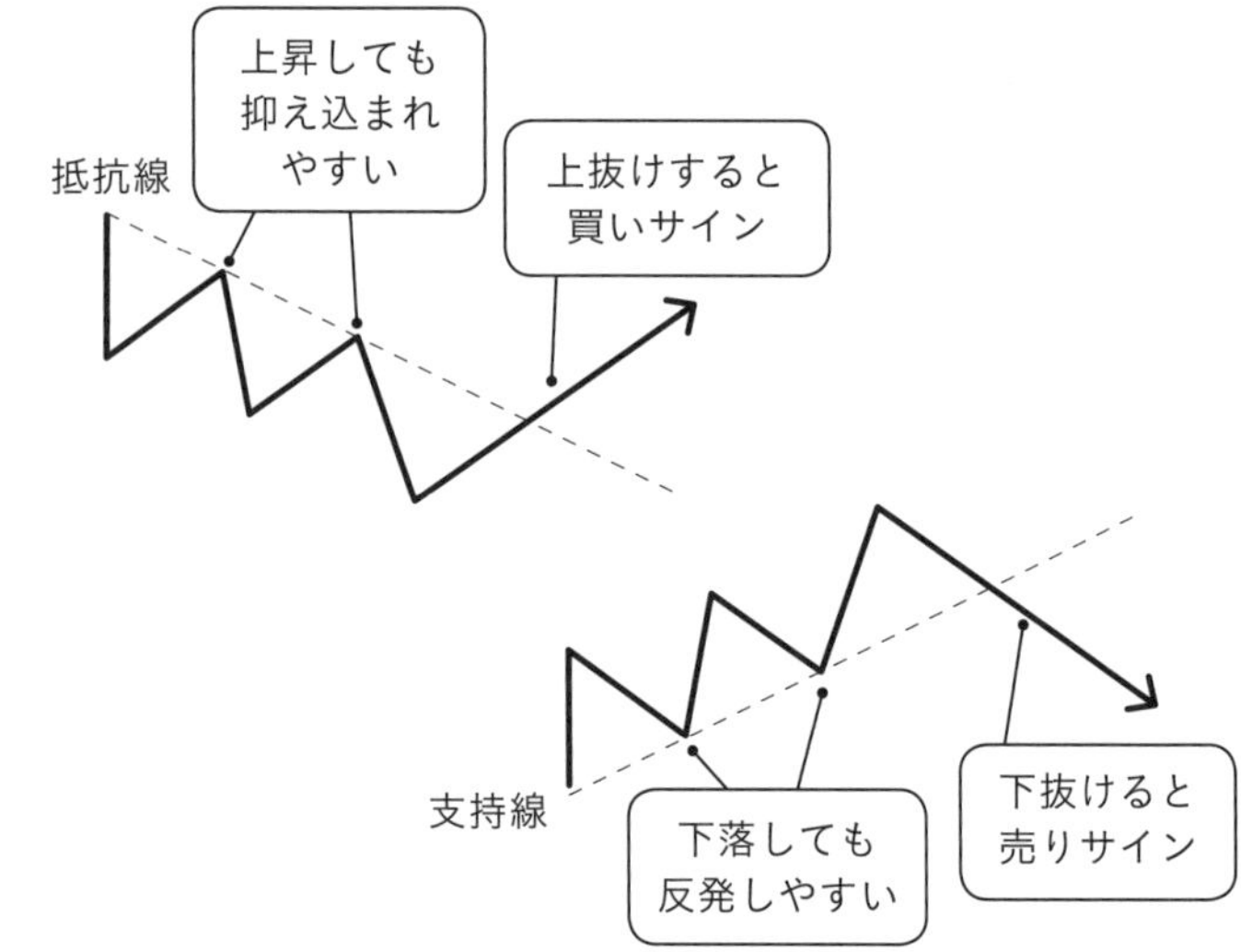

こうしたラインを引く目的のひとつが、**「どこに買いや売りの注文がたくさんあるか？」「どこにストップロスの注文が集中しているのか」を推測するため**です。

たとえば、過去に何度も下げ止まっている支持線の水準では、同じように下げ止まると期待した買い注文がたくさん入っているかもしれません。そうであれば、このポイントで多くの買い注文が執行されるので、いったんは下落が止まると考えられます。

もしあなたが下落を狙って売りポジションを持っているなら、この水準が利益確定の目安にできますし、押し目買いを狙っているのであればここで買うという判断もできるわけです。

しかし、こうした買い注文を消化してもなお下落を続け、下値をサポートするはずの支持線を下抜けてしまうと、もうその支持線は機能しないほどに下落圧力が強まっていると考えられます。あなたが買いポジションを持っているならここで速やかに損切りする必要がありますし、実際こうしたポイントには多くの逆指値の損切り注文がたまっています。損切りの売り注文を巻き込むと、下落がさらに加速することもあるので、まだポジションを持っていないなら、売りエントリーのチャンスにもなります。

要するに、**「下落が加速する直前に損切りしたい」「下落が加速するところで、新規の売り注文を入れたい」と考える場合も、この逆指値の損切り注文がたまっているポイントを知ることが大きなカギになる**のです。

こうしたポイントの多くは、抵抗線や支持線となるトレンドライン上や、過去に何度も上げ止まったり下げ止まったりしている水平の抵抗線や支持線、あるいは直近の安値や高値にあることが多いので、投資家はチャート上にこうした線を引いて必死でポイントを探します。

ただ、それだけだとうまくいかないことも多くあります。私の場合も、「あれ、支持線

ラインは機能したり、しなかったり

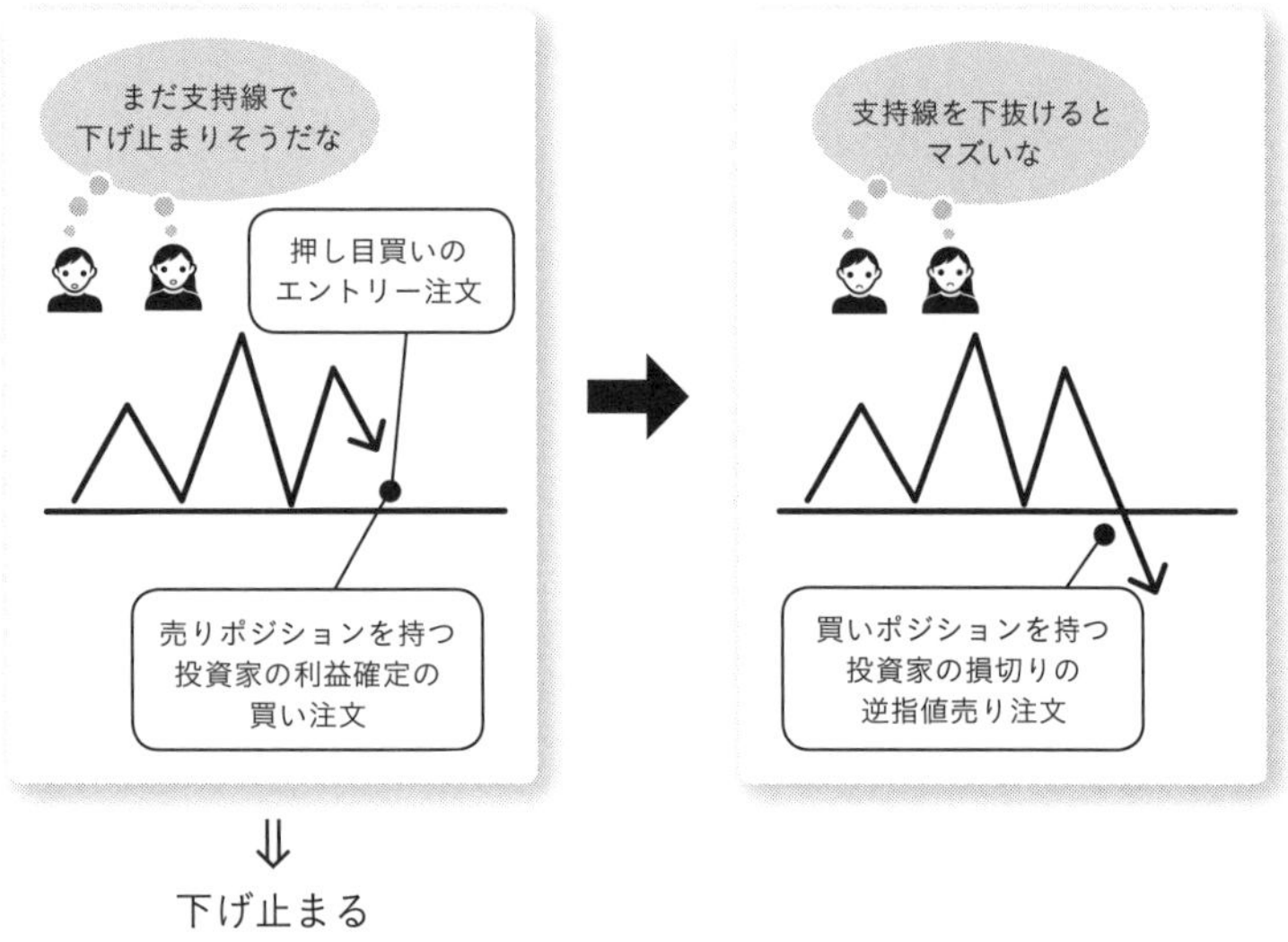
まだ支持線で
下げ止まりそうだな
押し目買いの
エントリー注文
売りポジションを持つ
投資家の利益確定の
買い注文
⇓
下げ止まる
支持線を下抜けると
マズいな
買いポジションを持つ
投資家の損切りの
逆指値売り注文

のはずなのに全然下げ止まらないぞ…?」とか「抵抗線を勢いよく超えたのに、すぐに反落した、線の引き方が間違っていたかな…」と悩むことがたびたびありました。そして、何本も線を引き直したりしているうちに、チャートがラインだらけになってわけがわからなくなってくるのです。

そもそも、**本来の目的は線を引くことではなく、買い注文や売り注文がたくさん入っていそうなポイントを推測すること**です。要するに、**この注文の情報がわかるツールがあれば、それが最も信頼できるデータのひとつになる**わけです。

そこで役立つのが、こうした情報の宝庫である「オーダーブック」です。

ＯＡＮＤＡのオーダーブックは、まだ約定していない売買注文の水準と割合を公開した「オープンオーダー」と、保有中のポジションの取得価格の水準と割合を公開した「オープンポジション」という2種類のデータがあります。チャートに必死に線を引かなくても、注文がたくさん入っているポイントや、どんなポジションを持っている人が多いのかという情報を教えてくれるのです。

もちろん、全トレーダーの情報ではなく、ＯＡＮＤＡを利用しているトレーダーだけの情報ではありますが、こんなお宝情報が無料で見られるのですから、使わない手はありません！

トレーダーが売買したいポイントがわかる「オープンオーダー」

次の図が、売買注文の状況がわかるオープンオーダーです。

縦軸の真ん中が現在のレートで、上に行くほど高く、下に行くほど低いレートを示しています。そして、横軸の右側が買い注文、左側が売り注文の量を表します。右上は現在レートよりも上で買いたい人の買い注文なので、逆指値買いです。**多くは、売りポジションを持っている人の損切り注文**と考えられます。

● OANDA のオープンオーダー

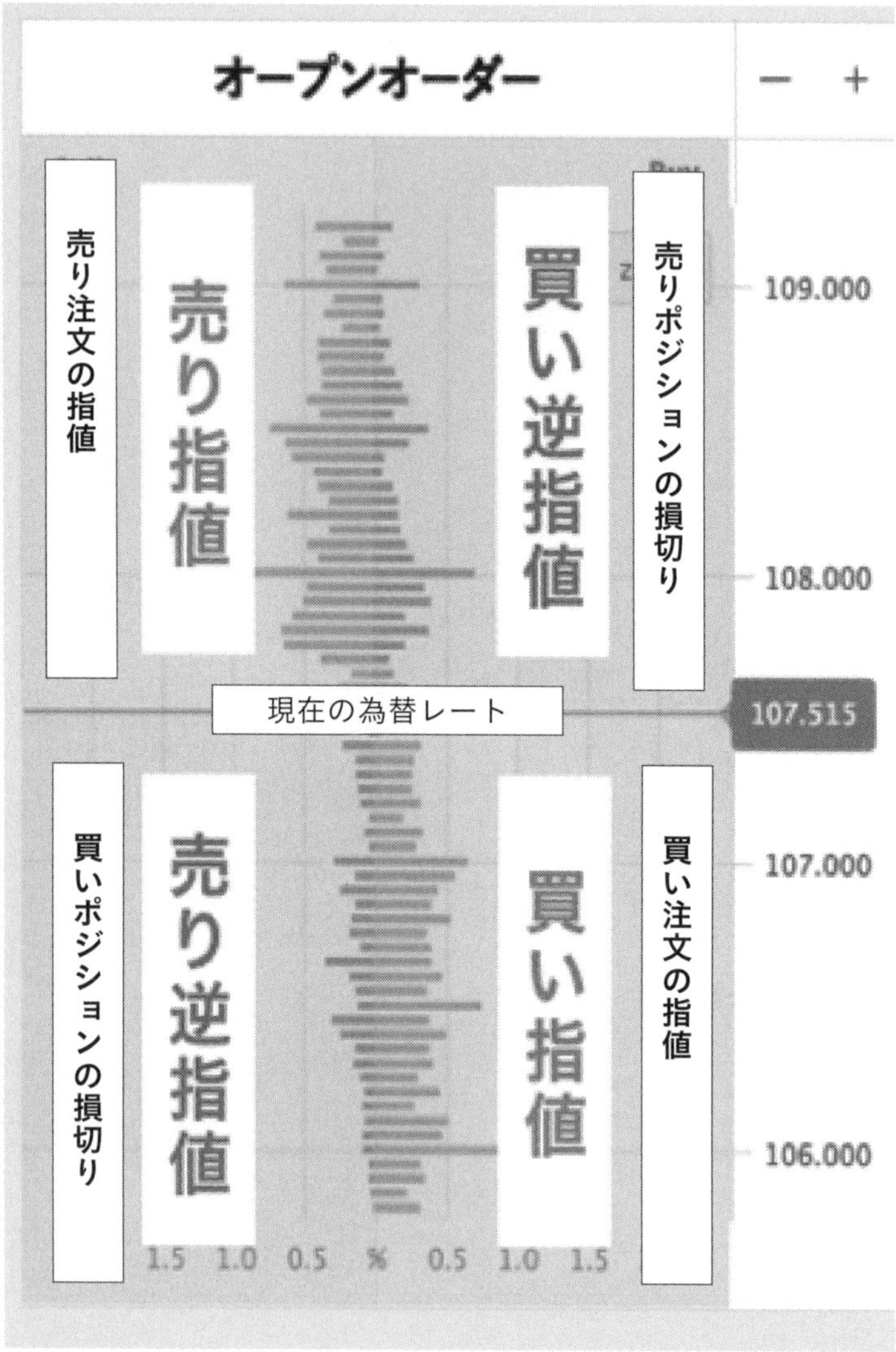

一方、右下は現在レートより下で買いたい人の買い注文です。「このレートになったら買いの注文を入れたい」という人のボリュームがわかります。

売りである左側も同様です。左上は現在レートより高いところで売りたい人の注文で、「このレートになったら売りの注文を入れたい」という人のボリュームがわかります。これに対し、左下は現在レートより安いところで売りたい人の注文なので、**多くが買いポジションを持っている人の損切りの逆指値注文**だと考えられます。

FXトレーダーは他の投資家がどんな動きをするかを知るために、たくさんのラインをチャートに引いたり、難しいテクニカル分析に挑むわけですが、オープンオーダーを見れば彼らがどんな注文をしているかが一目でわかります。世界中のトレーダーが念入りにテクニカル分析をした結果が、このオープンオーダーに示されているということになります。

オープンオーダーはすべての**売買注文をそのまま表示した「非累積」と、売り注文と買い注文を差し引きしてどちらが多いかを示した「純額」**を切り替えて表示できます。

非累積は売りと買いを差し引きしないので、純粋に指値や逆指値が多い部分はどこかを見るのに便利です。為替レートは逆指値が多い水準まで伸びていく傾向が強いので、エントリーの方向や利益確定の目安にできます。

一方、純額で大きく飛び出している部分があれば、そこは売りと買いを差し引いたうえでも、どちらか一方の注文が偏っていることを示します。その水準では値動きが止まって反転しやすくなるので、**押し目買いや戻り売りのエントリーポイントとして活用**できます。

オーダーブックにはこのオープンオーダーのほかに、もうひとつオープンポジションというグラフもありますが、私が主に使っているのはこのオープンオーダーの方です。オープンポジションについては後で解説しますが、**慣れるまではオープンオーダーだけを見ていればOK**です。

オーダーブックの「どこ」を見るか？ 4年間ひたすら見てわかった5つのポイント

オーダーブックはチャート分析に比べればシンプルですが、それでも奥が深く使い方はさまざまあります。中でも4年間、ひたすらオーダーブックを見ながらトレードしてきた私が、経験上特に強く意識しているオーダーブックの見方を5つご紹介します。

１、トレンドに順張りを意識する

オーダーブックはとても便利なツールではありますが、どんな時でも取引チャンスを見つけられるわけではありません。私の手法ではレンジ相場はチャンスにはなりませんし、逆張りトレードも推奨していません。ある程度**トレンドがある局面でオーダーブックを確認し、トレンドの方向に沿った押し目買いや戻り売りを狙います。**

２、逆指値に始まり、逆指値に終わる

オーダーブックでは、指値注文よりも逆指値注文が少ない傾向があります。というのも、指値注文は利益確定なので気持ちよく入れられるものですが、逆指値は損切りなので、その重要性をわかっていない初心者トレーダーほど入れていないものです。

これは裏を返せば、**逆指値は資金管理ができていて、損切りのシナリオまで立てている優秀なトレーダーたちによる注文であると解釈することができます。彼らがテクニカル分析を駆使して導き出した損切りポイントなので、信頼度も高く、実際に相場の転換点になることも多くあります。**

また、指値は上昇中の売り、あるいは下落中の買い注文となるため、相場の勢いを止め

てしまう効果があるのに対し、逆指値は上昇中の買い、下落中の売り注文となるため、動きが加速しやすいという違いがあります。

加えて、逆指値は、オーダーブックには表れていない新規注文を呼び込みやすい性質もあります。たとえば、買いの逆指値注文がたまっている水準まで上昇した場合、その損切りの逆指値注文が執行されると同時に、「ここまで上がったら、さらに上に行くだろう」と考える新規の買い注文を呼び込みやすいのです。このため、**逆指値が持つエネルギーは、オープンオーダーのグラフの長さ以上に大きくなることがある**のです。

これらの点からも、**オーダーブックで重要なのは、指値よりも逆指値となります。グラフでいうと、右上の買い逆指値と左下の売り逆指値の部分です。極論すれば、慣れないうちは右下と左上の指値注文は特に見なくても問題ありません。**

3、逆指値のボリュームの差が優位性を生む

近い将来、レートが上に行くか下に行くかを予想する場合、**逆指値の損切り注文が多い方に進みやすい傾向があります。**為替相場は、多くの人に損をさせるように動くからです。

たとえばあなたが、為替相場に大きな影響を与えられる大口の投資家だとすると、上方向に100の買いの損切り注文があって、下方向に30の売りの損切り注文がある場合、よ

右上の買い逆指値は少なく、左下の逆指値は多い。
この差が大きいほどチャンス

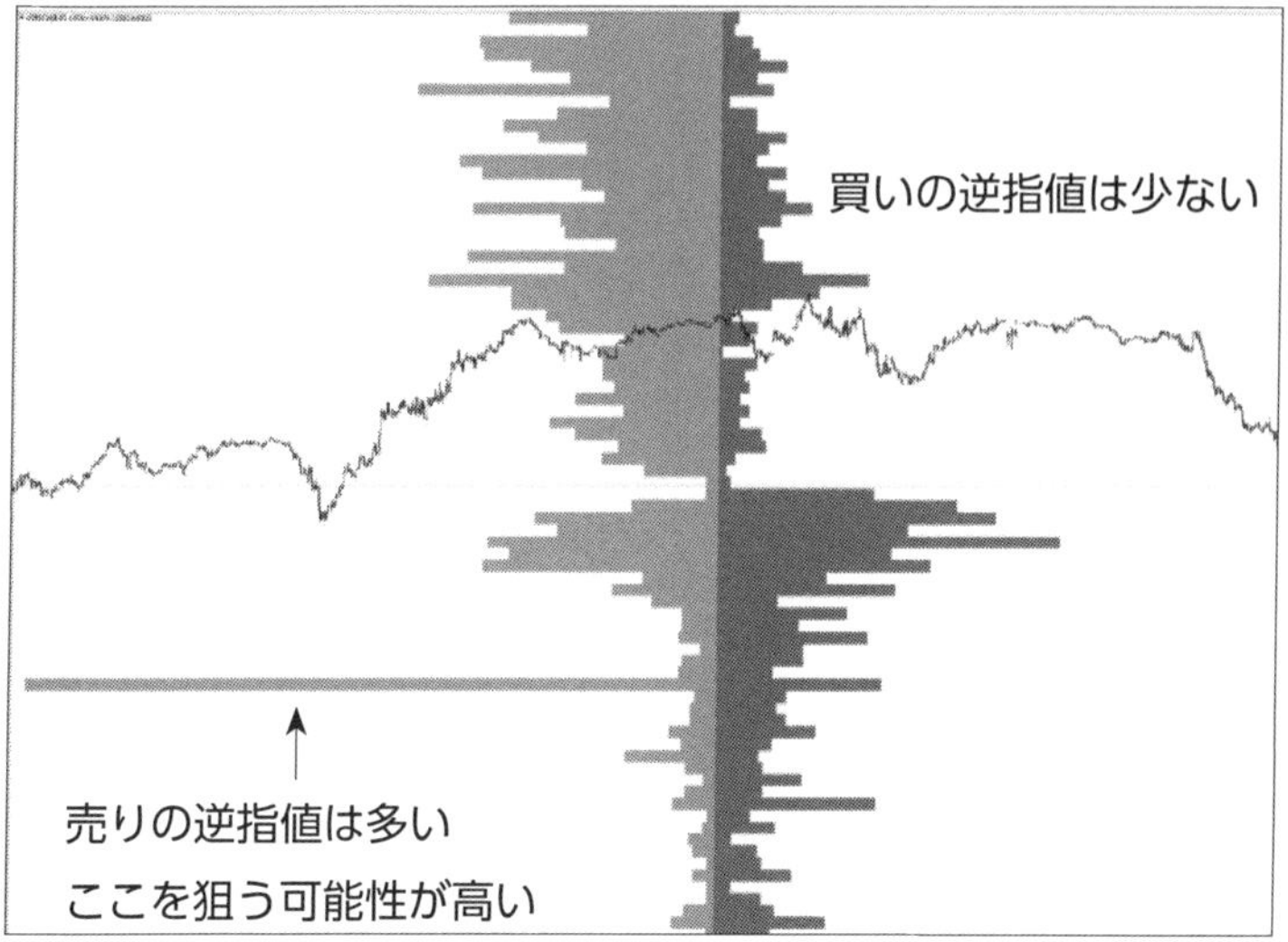
買いの逆指値は少ない
売りの逆指値は多い
ここを狙う可能性が高い

り多くの買い注文がある上方向にレートを引き上げた方が、取引の相手も多く利益を上げやすいと思いますよね。

ですから、オーダーブックで真っ先に注目するべきなのは、**右上と左下の差です。どちらかにオーダーが偏っているような場合は、大チャンスとなります。**

この図はあるときのドル／フランのオープンオーダーです。左下と右上を比べて下さい。**右上の買いの逆指値は少ないのに対し、左下には売りのストップロス注文がたくさん溜まっています。このようなオーダー状況が見える局面は絶好のチャンスであり、迷うことなく下落方向に**

ベットするのが有利です。

実際に、その後のドル／フランは、左下の売りオーダーが突出して多いポイントをきれいに下抜けていきました。ドル／フランのようになじみのない通貨ペアでも、ここまで極端に多いストップロス注文がある場合は、トライしてみるのもよいのではないでしょうか。

一方、右上と左下のボリュームが同程度である場合は、それが多くても少なくてもこうした優位性は発生しません。**重要なのはどちらかが多くてもう一方が少ないときであり、拮抗しているときはその通貨ペアのトレードを見送ることも判断のひとつ**となります。

4、指値は信用しすぎない

逆指値のボリュームと売り買いの差は非常に重要である反面、**指値の信頼度は逆指値と比較すると劣ります。理屈では、指値がたくさんあるポイントでいったん流れが止まるというのが正しいのですが、経験上、それだけをエントリーの根拠とするのは危険**だと考えています。

指値注文もオーダーであることには変わりないのですが、これまでの経験では「指値が厚いからここで反発するだろう」と考えて大底を狙いに行っても、あまりうまくいったことがないのです。**体感的には、指値に関しては、逆指値の半分程度のパワーだと考えてお**

くのが無難だと思っています。

5　１００％、オーダー状況通りには動かない

常にオーダーブックの状況通りにレートが動くとは限りません。「指値が厚いのに簡単に突き抜けてしまった」「逆指値が多いのに値動きが加速しなかった」といったケースはザラにあります。重要なのは**確率での優位性や期待値**であり、オーダーブック以外の情報も考慮しながらトータルで優位性の高い状況でエントリーすることです。**オーダーブックだけを根拠にするトレードで、常に勝てるとは思わないこと**です。

「カニ手法」初心者でもカンタンにできる３ステップ

では、実際に私が使っている売買手法、「カニ手法」を紹介します。カニ手法には指値でエントリーする方法と、成行でエントリーする方法があります。３ステップあるプロセスのうち、１と２までは共通していて、エントリーのＳＴＥＰ３のみ方法が異なります。どちらを選ぶかは、好みでかまいませんが、チャートを見られる時間が少ない人は指値

バージョンがおすすめです。

STEP1　大きなトレンドの方向を確認する

ここでは仮に5分足のチャートで期間が200の移動平均線を使うとします。移動平均線は個人の好みの期間でもかまいません。ただし大きなトレンドに沿う方が流れとしては掴みやすいので**200や250あたりをおすすめ**します。

移動平均線は一定期間の平均価格を線でつないで、トレンドの方向や強さを見るためのグラフで、基本的なチャートであれば必ず表示できるようになっているオーソドックスな指標です。**移動平均線が上向きでロウソク足が移動平均より上にいるなら上昇トレンド、移動平均線が下向きで下にいるなら下落トレンドと判断**します。

トレンドが判断できればいいので、200の移動平均線でなくても、使いやすいインジケーターやテクニカル指標があればそれを使ってOKです。

ただし、「なんとなく上かな?」といった感覚的な判断はNGです。なんでもいいので、**機械的に上か下かを判断できるものをひとつ決めてください**。

STEP2　非累積のオープンオーダーを確認する

次に、**非累積のオープンオーダーを確認します。買いの逆指値を表す右上と、売りの逆指値を表す左下をチェックし、どちらかが多くどちらかが少ない状況が発生しているかを確認します。その方向が、STEP1で確認したトレンドの方向と合致していたら、エントリーのチャンスが近づいている可能性**があります。まとめると、次のようになります。

▼買いエントリーのチャンス
大きなトレンドが上方向　↓　上昇トレンド
左下の売りの逆指値が多く、右上の買いの逆指値が少ない
＝買いで含み損を持っている人が多い
下落トレンド＋買いで含み損を持っている人が多い＝狙い目

▼売りエントリーのチャンス
大きなトレンドが下方向　↓　下落トレンド
右上の買いの逆指値が少ない　↓　売りポジションで含み益を抱える人が少ない
左下の売りの逆指値が多い　↓　買いポジションで含み損を抱える人が多い

右上と左下を比較する場合、現在レートから上下に50pips程度を見ればOK

トレンドが下向きで、右上の買い逆指値は少なく、
左下の売り逆指値が大きくなっていたら売りのチャンス

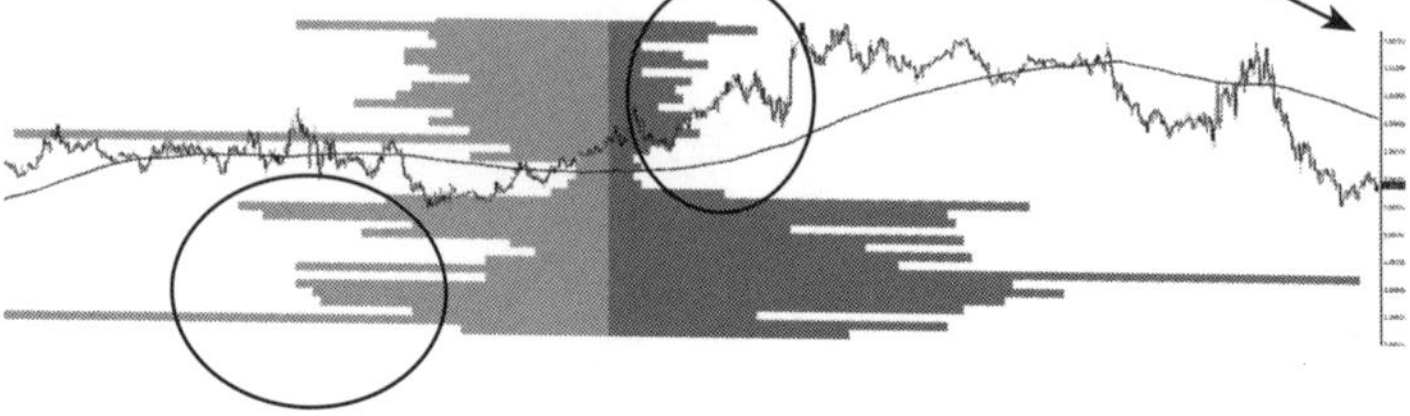

で、100pips以上離れているオーダーは気にする必要はありません。

このチャートでは期間が200の移動平均線が下を向いており、ローソク足は移動平均性より下にあります。なおかつ右上の買いの逆指値は少なく、左下の売りの逆指値が大きくなっています。これは売りエントリーのチャンスが近づいているサインです。ここまでの条件がそろったら、次のステップに進みます。別の通貨ペアを確認してチャンスを探すのはOKですが、条件がそろわなかったらエントリーは見送ります。ポジポジ病は、ダメ！　ゼッタイ！

ＳＴＥＰ３（指値バージョン）　純額のオーダーブックをチェック

ここでオーダーブックを純額に変更します。純額のオーダーブックは、売りと買いを差し引きして差額だけを表示したオーダーブックなので、逆指値か指値かにかかわらず、インパクトのあるボリュームの注文が入っているポイントがわかります。

さきほどのチャートを純額表示に変更したのが、１８７ページのチャートです。太い枠で囲んでいるところに、売りの指値が非常に厚くなっているポイントがあるのがわかります。ここまでレートが上がってくると、厚い売り注文に押されていったん下落することが考えられます。そこで、ここに売り指値を入れておきましょう。後は、チャンスが来るのを待つだけです。下落トレンドで少し上がってきたところを戻り売りするイメージです。

これが上昇トレンドであれば、長く伸びている買い指値のところまで落ちてくるのを待って、指値注文を入れることになります。

ＳＴＥＰ３（成行バージョン）

ＳＴＥＰ１と２の条件が揃ったら、ＲＳＩを確認します。ＲＳＩは、売られ過ぎや買われ過ぎの状態を判断するテクニカル指標です。普段見ているチャートにＲＳＩを表示させれば、リアルタイムの数値が一目でわかります。50％を中心として70％以上であれば相場は買われ過ぎ、逆に30％以下なら売られ過ぎであると判断します。

下落トレンドであれば、ＲＳＩが70％を上回ったら売りエントリー、上昇トレンドの場合は30％を下回った時点で買いエントリーします。

この判断にはＲＳＩでなくても、ストキャスティクスやＭＡＣＤなど、ＲＳＩと同様に売られすぎや買われすぎを示すほかのオシレーター系のテクニカル指標を使ってもかまいません。

まとめると、トレンドの大きな方向と逆指値が多くある方向が一致していることが確認できたら、指値なら純額オーダーブックで指値が多くあるポイントでエントリー、成行ならオシレーター系指標の上限か下限に達した時に押し目買いあるいは戻り売りする方法になります。

STEP3（指値バージョン）枠部分に売り指値がたまっており、ここまで上昇すれば反落すると考えられるので売りエントリー

STEP3（成行バージョン）RSIが上限を超えた時点で成行の売りエントリー

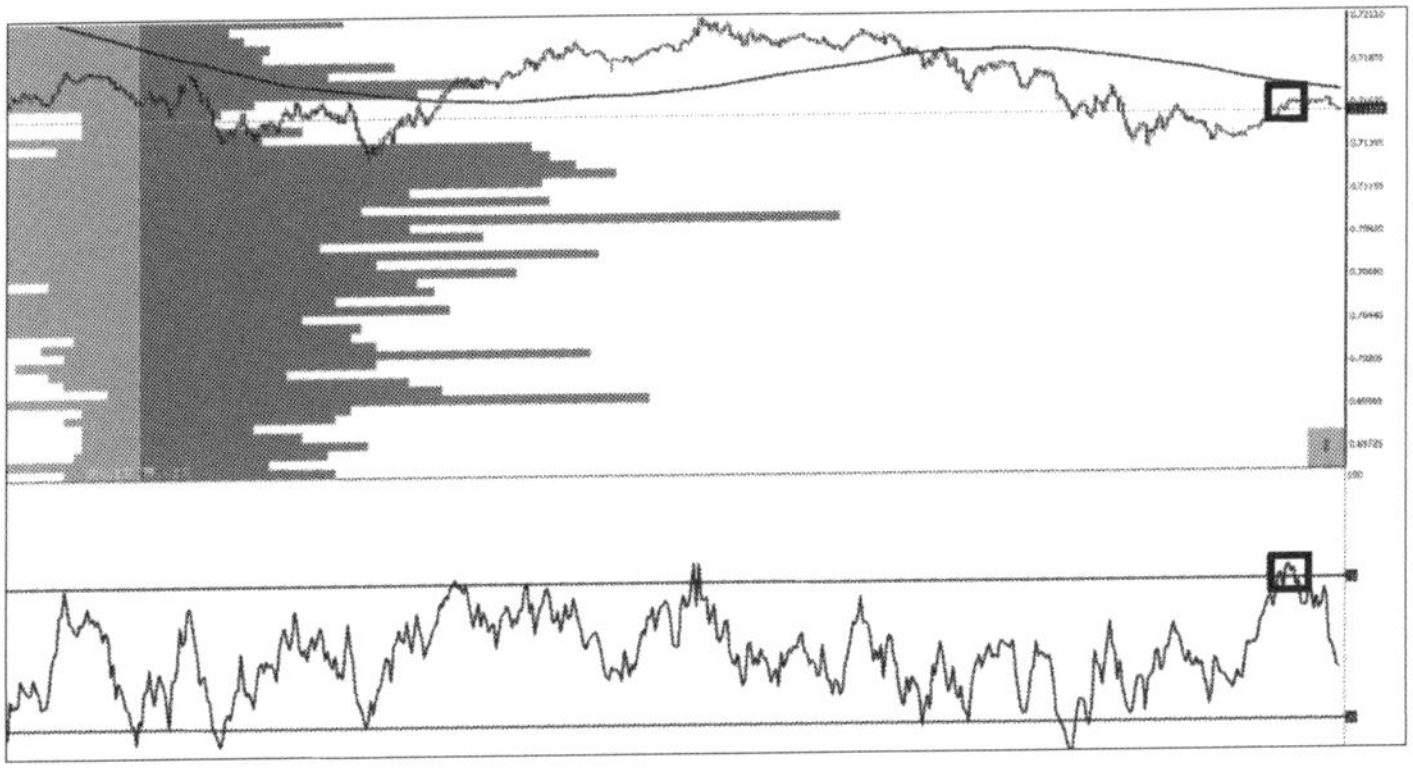

売りと買いのオーダーが「拮抗」している時はどうする？

オーダーブックのトレードで重要なのは、**右上の逆指値と左下の逆指値の差が明確に出ているかどうか**、という点です。右上と左下を見て、ボリュームが同程度である場合、その後の値動きに与える影響に差がないため、チャンスにはなりません。

このチャートでは、右上も左下もボリュームはそこまで差はありません。こうした状況は、もみ合っているレンジ相場であり、**どちらかにブレイクするのを待つしかありません**。

こうした状況は、右上も左下もどちらもボリュームが多い場合と、右上も左下もどちらもボリュームが少ない、という2つのパターンがありますが、いずれもエントリー条件にはなりません。とにかく、右上と左下の差に注目してください。

レンジ相場の期間が長引くほど、上下の逆指値はだんだん偏りが出てきてチャンスが近づいてくるものですが、両方のボリュームが増加していく場合もあります。

右上と左下のボリュームが拮抗しているときはエントリーのチャンスではない

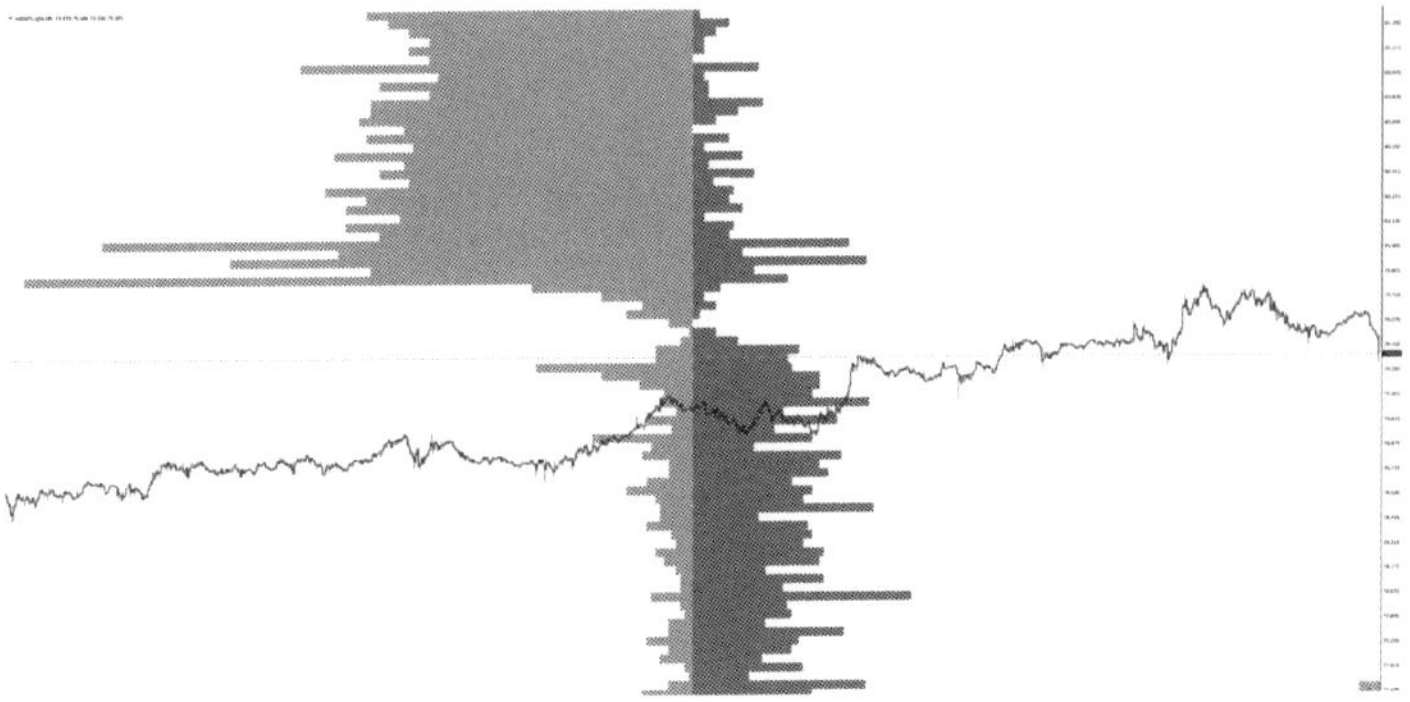

売りと買いの「逆指値の差」がわかる8つの基本パターン

私はMT4にオーダーブックのインジケーターを入れて、チャート上にオープンオーダーを表示させています。チャートと合わせて表示したほうがトレンドとオーダーの関係が直感的にわかりやすいうえ、そのまま注文もできて便利だからです。ただ、この機能を使うにはOANDAに口座を持って、MT4にインジケーターを表示させる必要があります。

ただ、MT4がなくても、オーダーブックはOANDAのウェブサイトで確認できます。口座を持っていない人は30分おきの更新、口座を持っている人は20分おきの更新、口座を持っていて一定条件を満たす人は5分おき更新のデータを参照できます。ここでオーダーブックを確認して、他のFX会社のツールで売買注文を出すことも可能です。

ここまではMT4上のオープンオーダーの画像を掲載してきましたが、OANDAのウェブサイトで見る人のために見方を解説しましょう。

ブラウザの検索窓に「OANDA　オーダーブック」と入れると、OANDAオーダーブックの画面に飛べるので、口座を持っている人はログインします。グラフの上部で通貨

OANDAのウェブサイトのオーダーブック画面

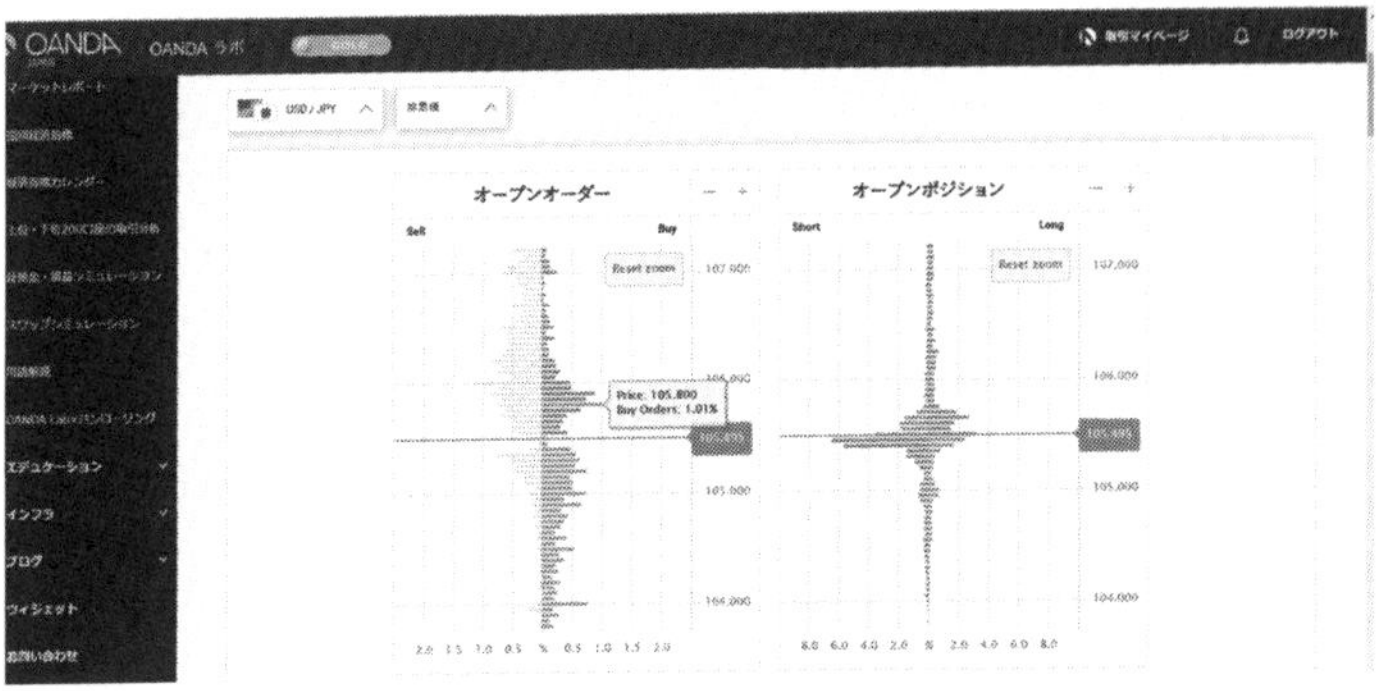

ペアと非累積・純額を選択できます。グラフの棒部分にカーソルを合わせると、そのレート水準と全オーダーの中の割合が表示されます。スマホのブラウザでも基本は同じです。

また、「右上（買い逆指値）」と「左下（売り逆指値）」の差が開いている時がチャンス、と言われても、どの程度開いていればいいのかわからないという人も多いと思います。そこで、差が開いている状態のオープンオーダーの例を、売りと買いの4パターンずつ紹介するので、これを参考にしてください。

売り優勢のオープンオーダー①

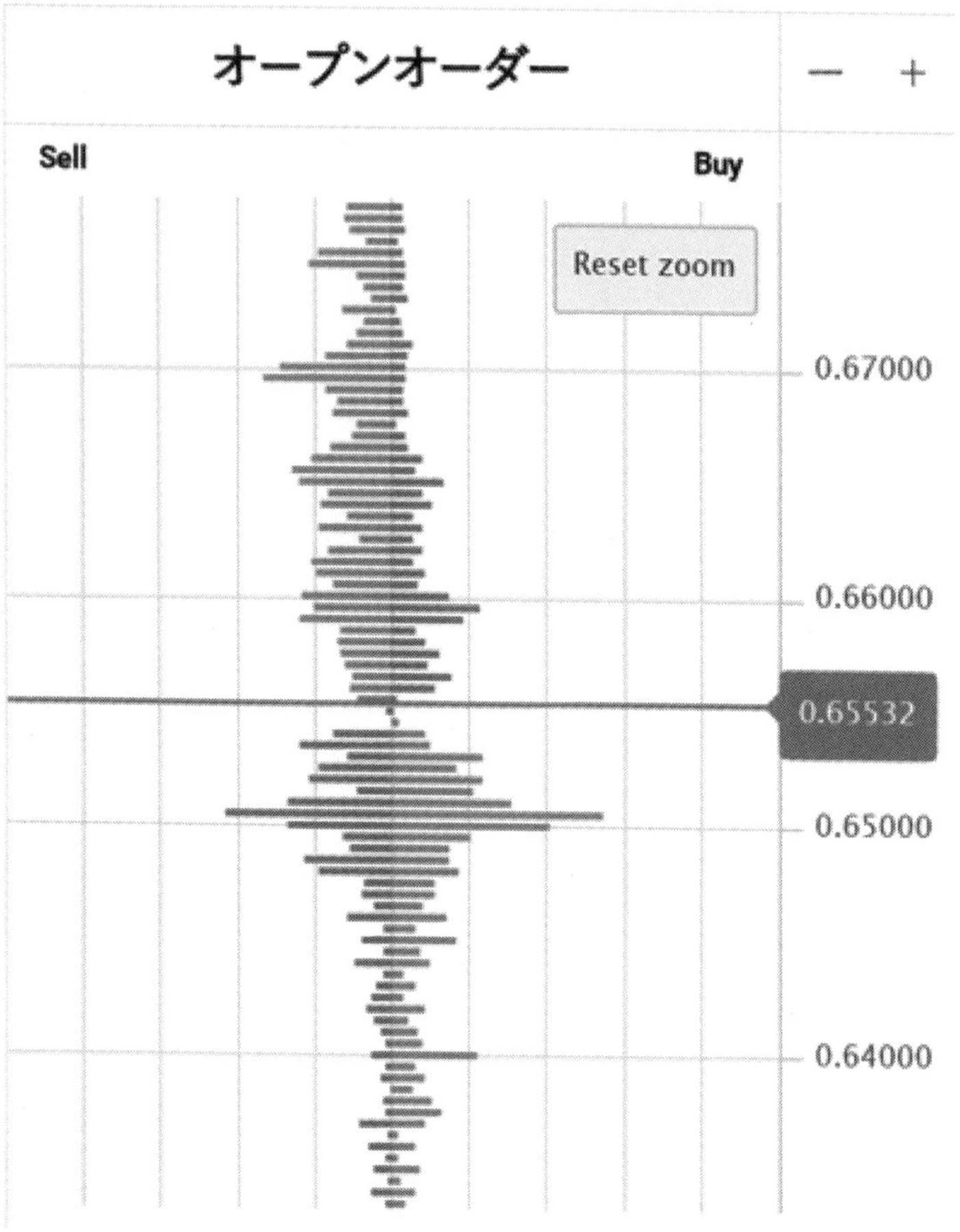

売り優勢のオープンオーダー②

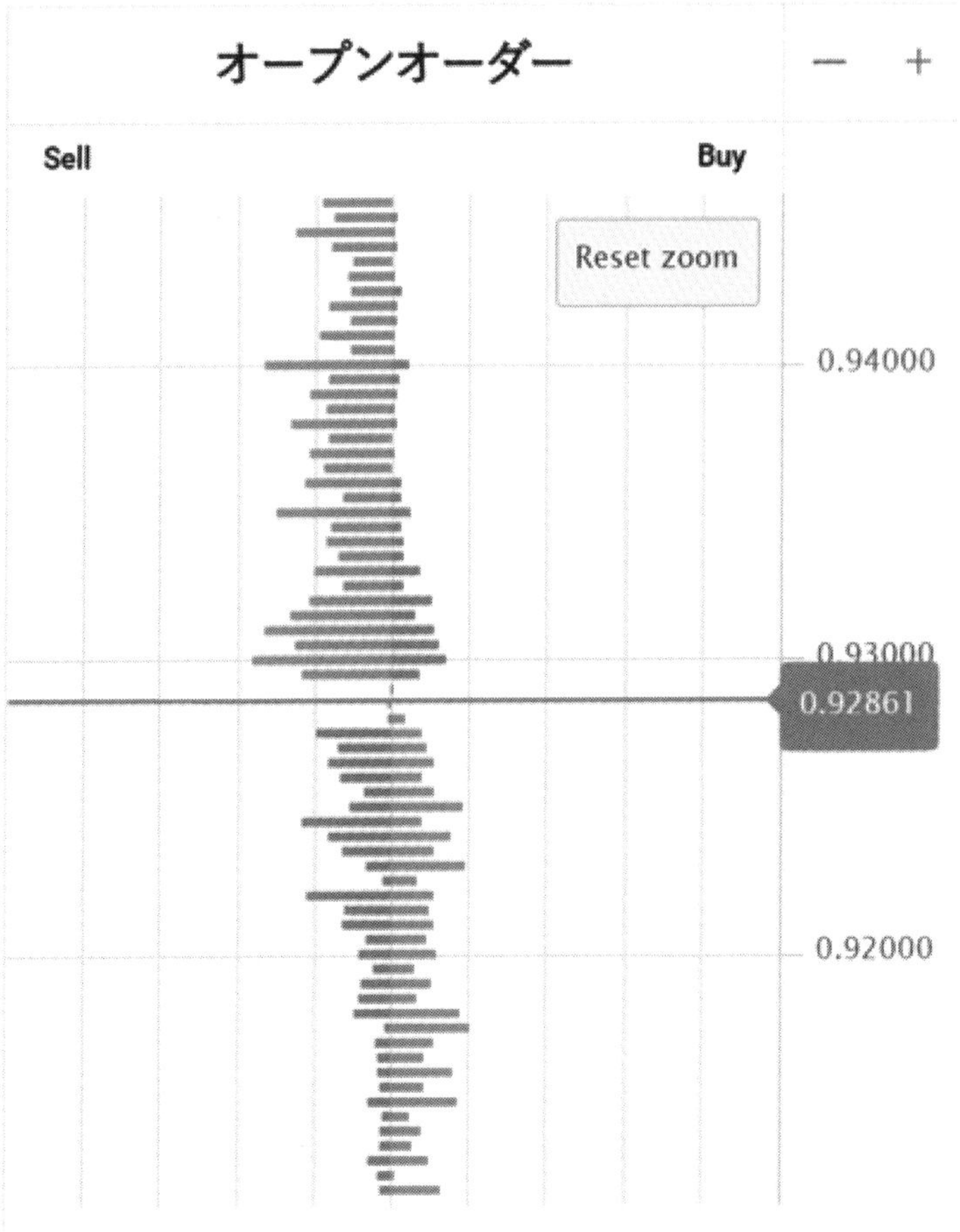

売り優勢のオープンオーダー③

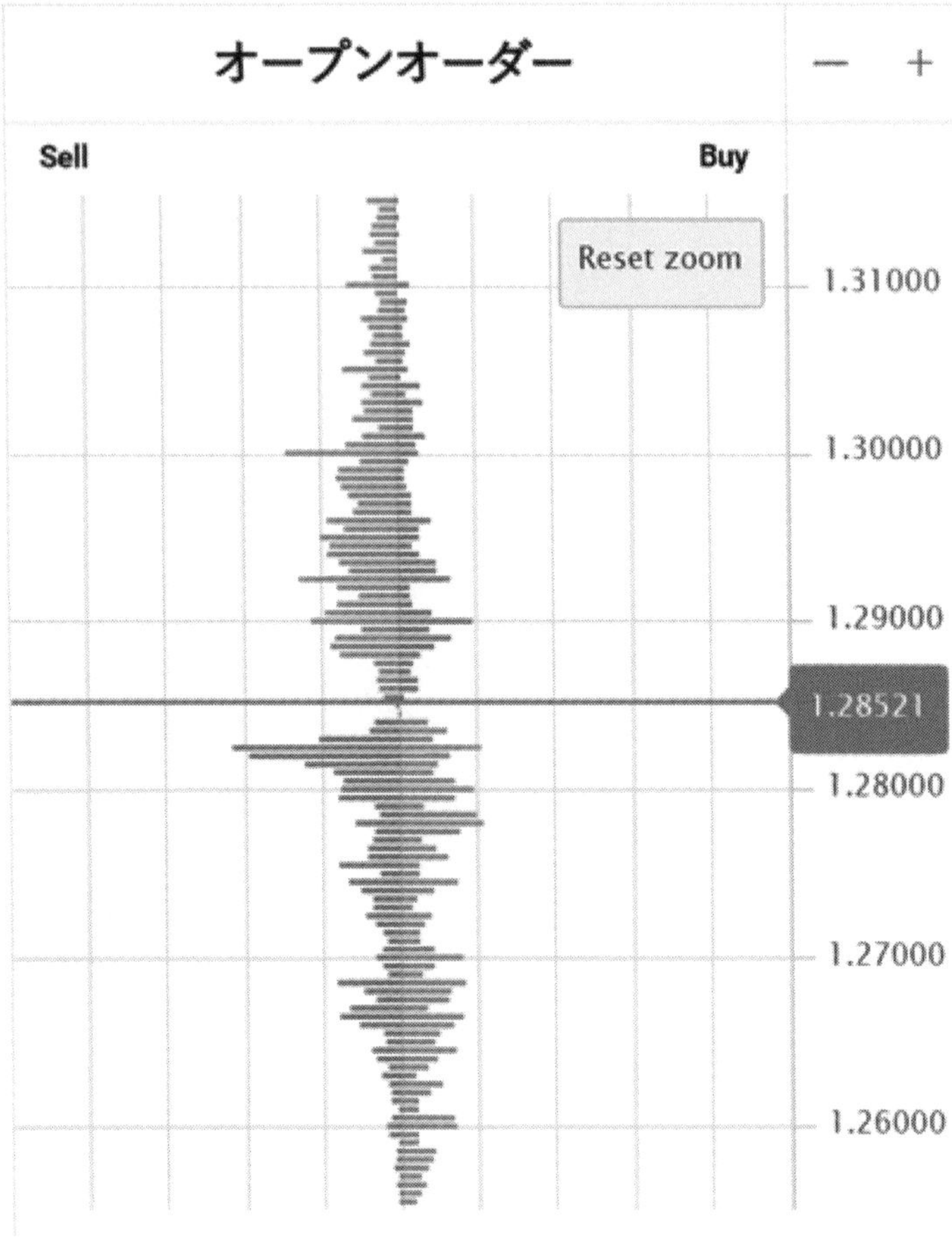

売り優勢のオープンオーダー④

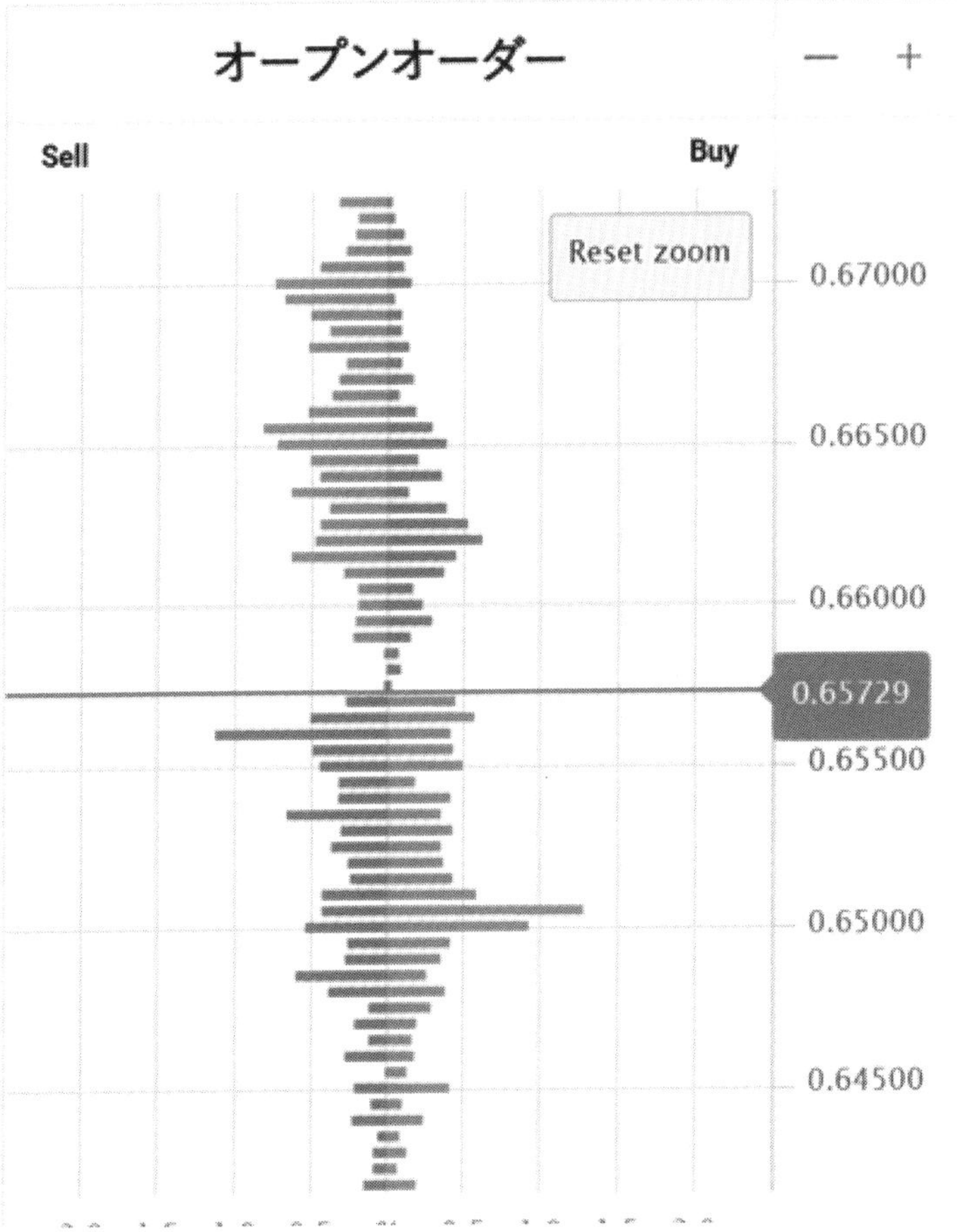

買い優勢のオープンオーダー①

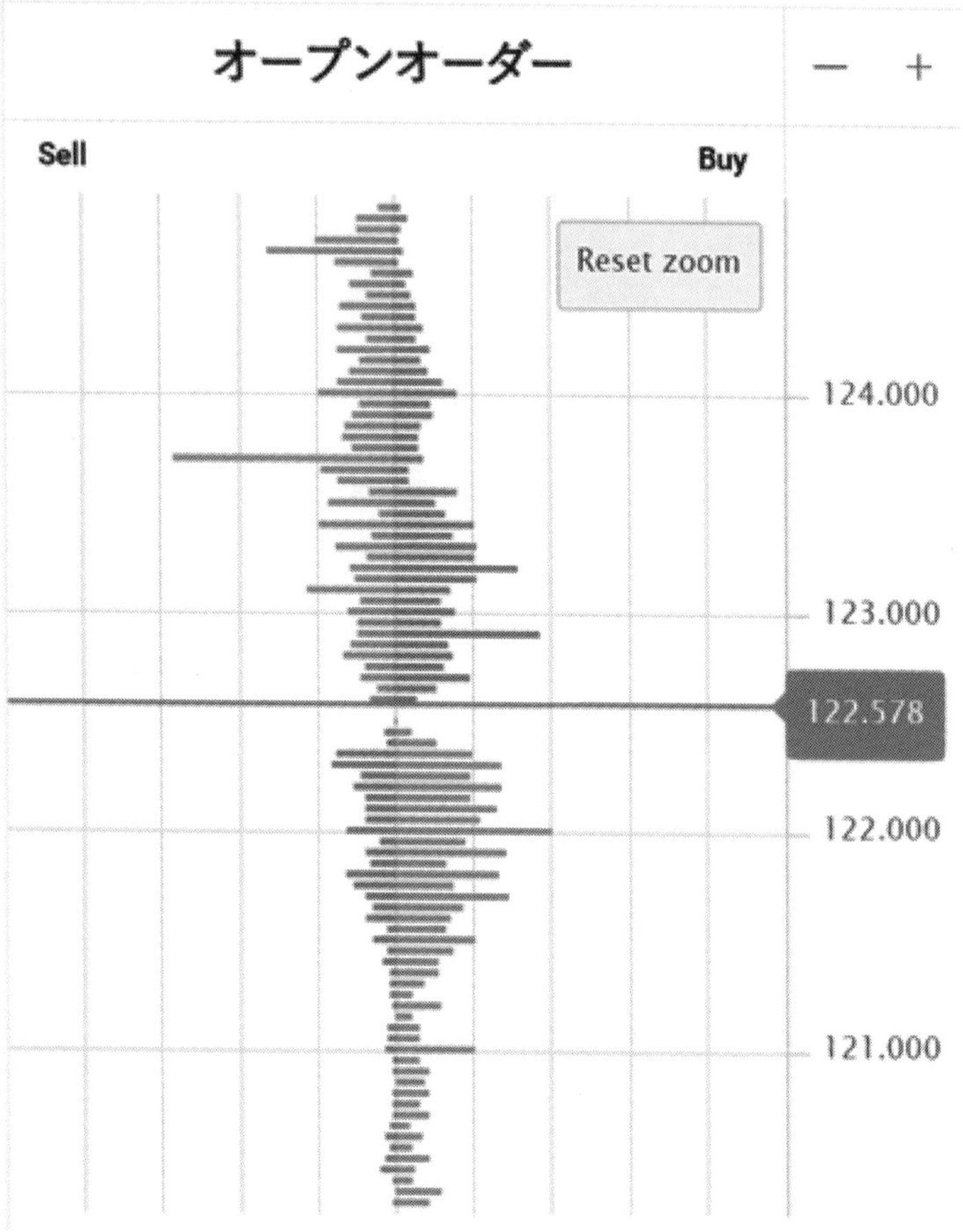

買い優勢のオープンオーダー②

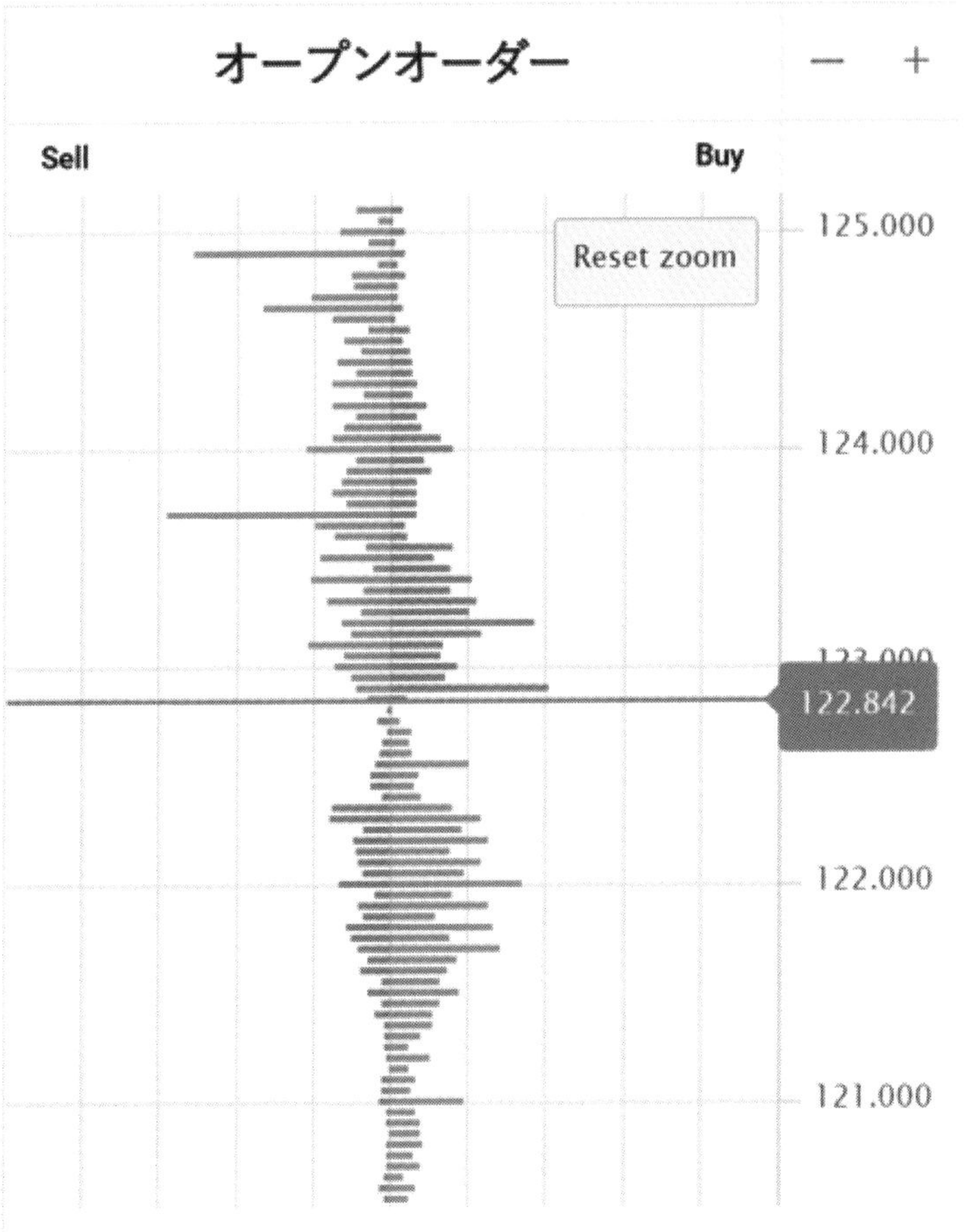

買い優勢のオープンオーダー③

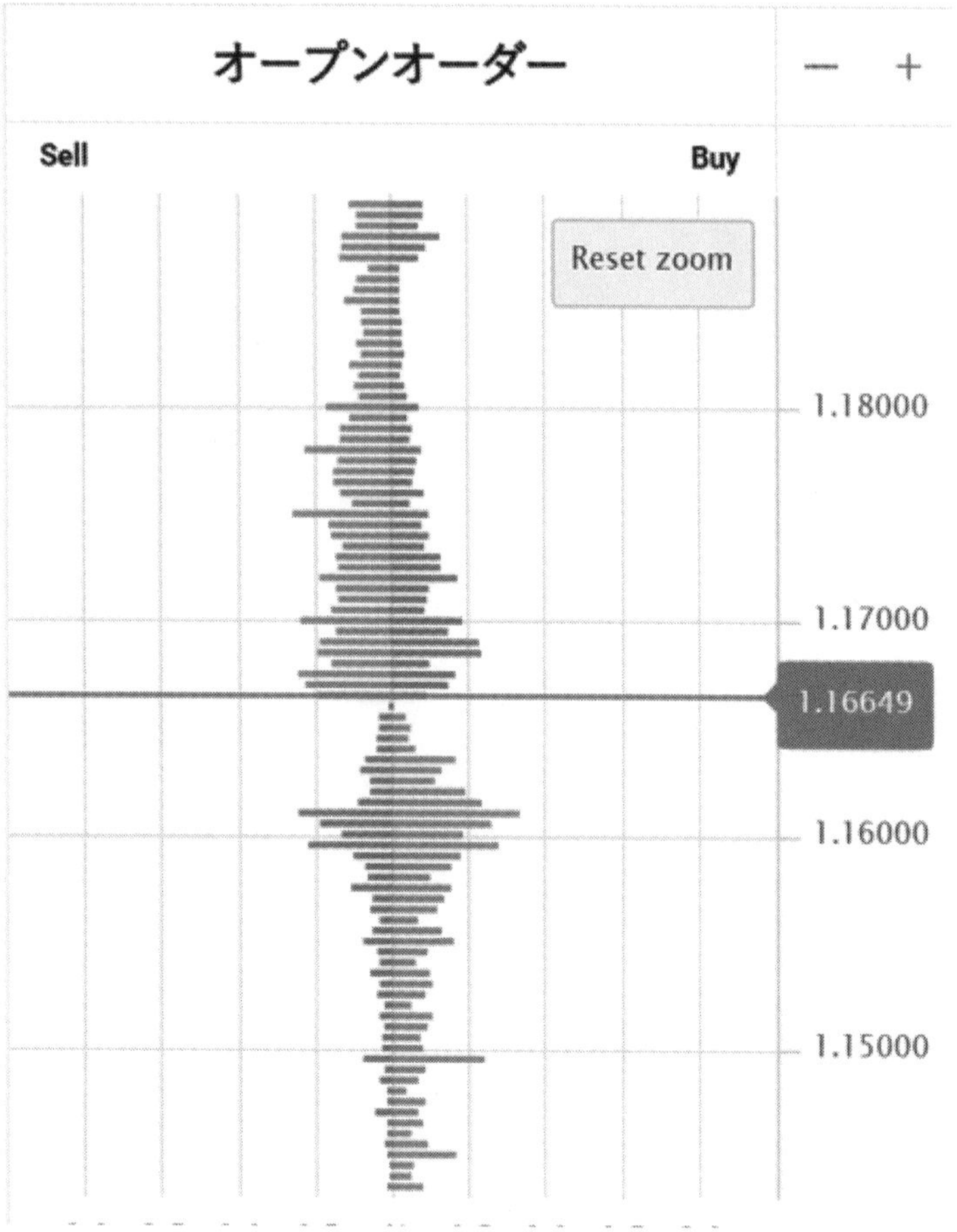

買い優勢のオープンオーダー④

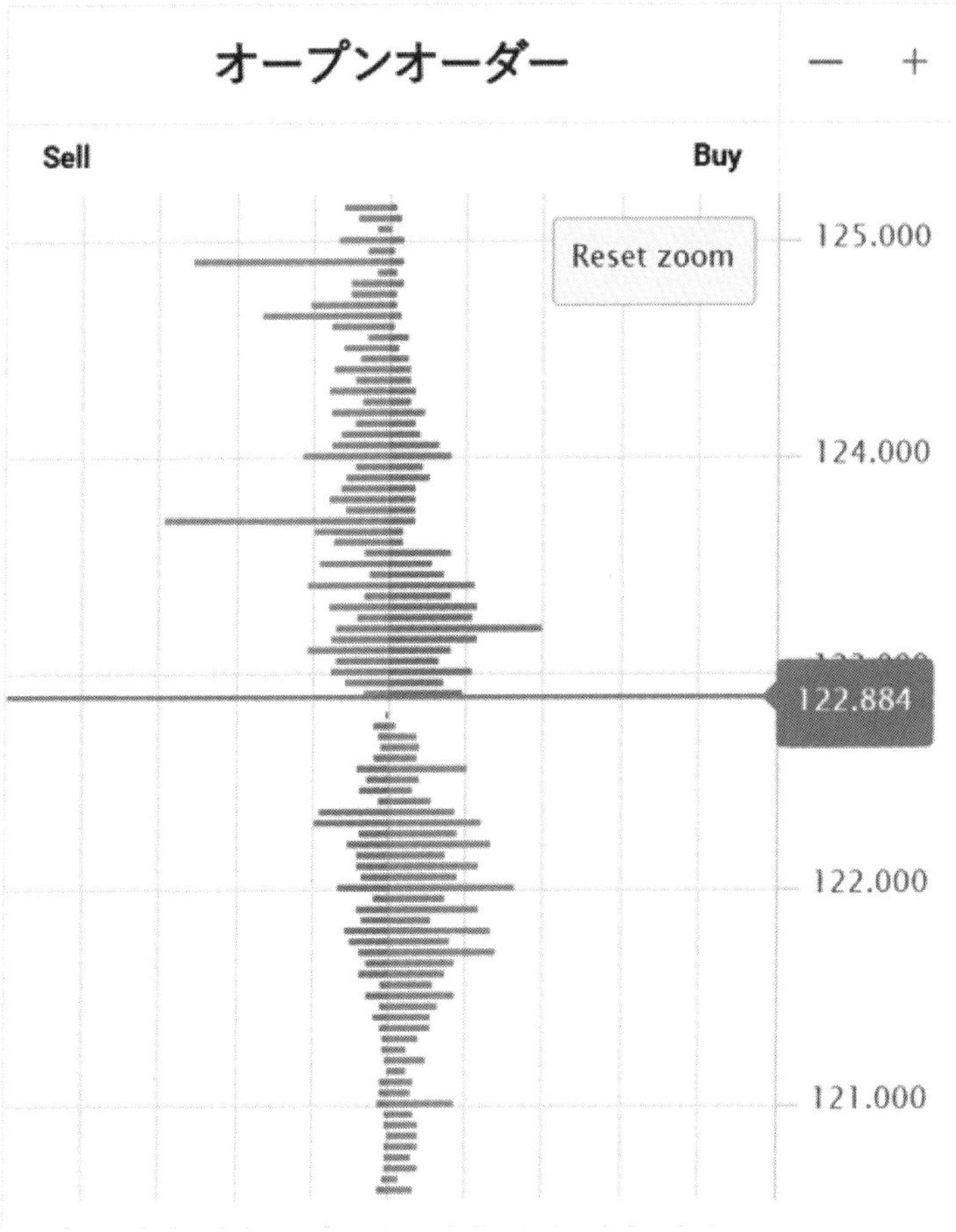

カニ手法の「利益確定パターン」はたった2つ

エントリーができたら、次は出口です。利益確定には次の2パターンあります。エントリーが指値か成行かは関係ありません。

▼利益確定パターン1：大きな逆指値にタッチしたら利益確定する
▼利益確定パターン2：RSIなどオシレーター系指標の上限下限で利益確定する

どちらのパターンを使うかは、オープンオーダーを見て判断します。オープンオーダーで利益確定の方向に突出した状態の目立つ逆指値注文がある場合は、その水準を利益確定ポイントに決めて、みんなが損切りをするところで利益確定をするイメージです。

本来、大きな逆指値のある場所では、その方向に加速しやすくなるので、通過した後もさらに利益を伸ばそうとする考え方もあります。しかし、その一方でたまった逆指値がすべて消化されてしまうと値動きはエネルギーを失い、いったんは反転する可能性も高まり

右上部分にある大きく出っ張った逆指値注文。
買いポジションの利益確定の目安になる

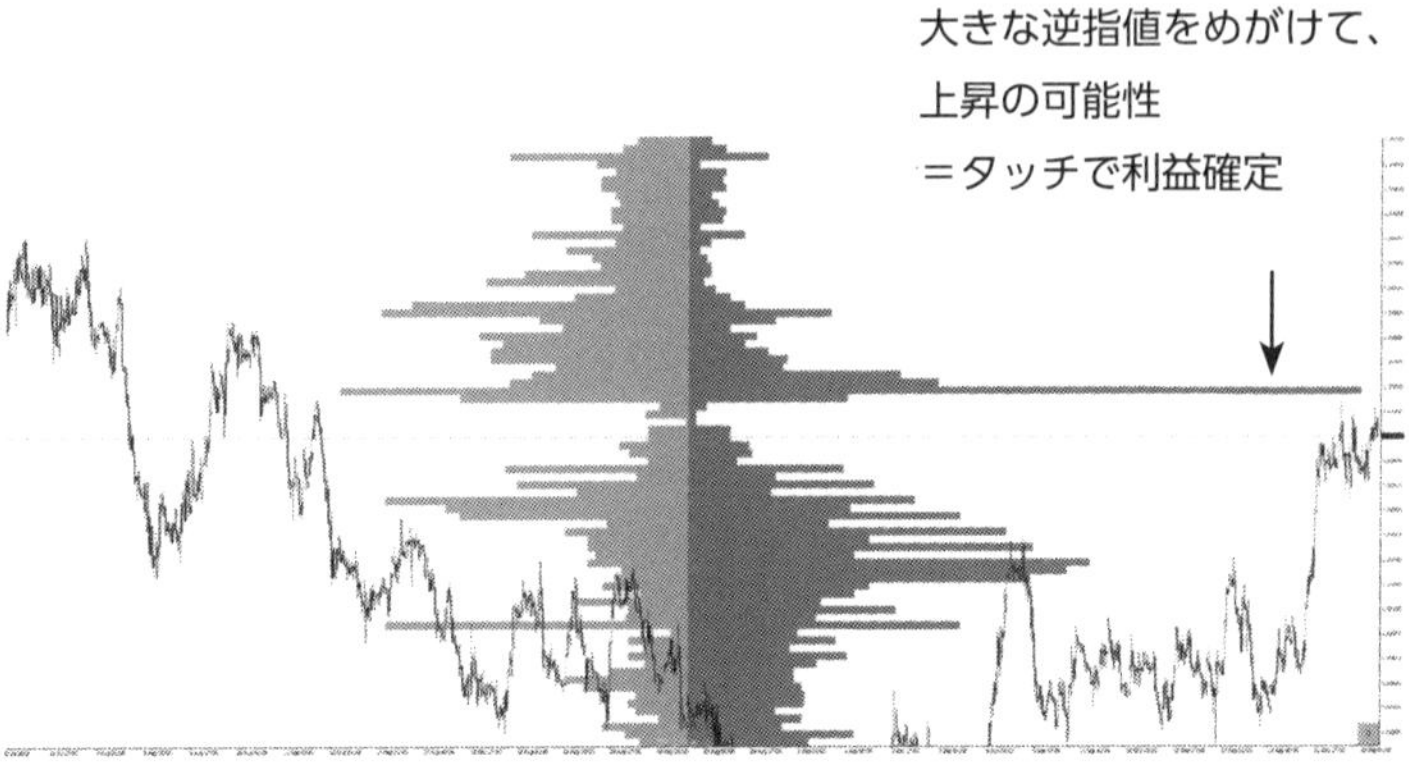
大きな逆指値をめがけて、
上昇の可能性
＝タッチで利益確定

ます。これが、「**我慢できずに損切りしたとたん、反転した**」という「**FXあるある**」につながるわけです。そこで、私の手法ではこのリスクを回避するため、逆指値の水準で利益確定するようにしています。

次のチャートでは、右上に大きな買いの逆指値があります。この逆指値をターゲットにレートが上昇していく可能性が高く、ここにタッチしてこれらの注文を消化してしまうと反落する可能性が高くなります。このため、この右側に大きく出っ張った部分の水準に利益確定の指値注文を置いておきましょう。オーダーブックは、利益確定のターゲットを見つけやすいのもメリットのひとつです。

右上の買い逆指値と左下の売り逆指値のボリュームに大きな差がなくなってきた場合、オシレーター系指標で利益確定する

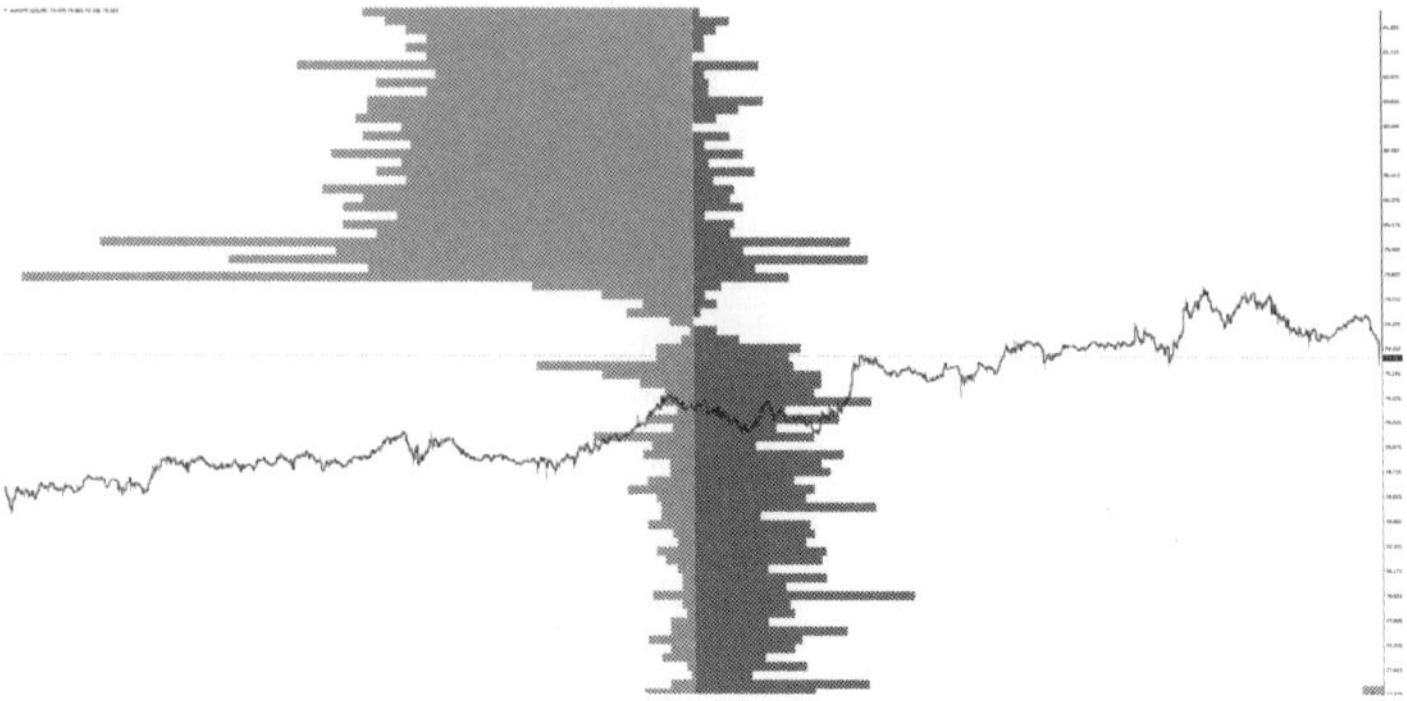

ただ、オーダーブック上で利益確定の目安になるような目立った逆指値ポイントが常にあるわけではありません。上のチャートのような状態の場合、右下の買い指値は目立っていますが、逆指値には特に突出する部分がありません。

こういう時にポジションを持っている場合は、RSIなどオシレーター系指標の上限下限を目安に利益確定することをおすすめします。RSIを使う場合、買いポジションを持っているなら70%に達した時点、売りポジションを持っているなら30%に達した時点で利益確定します。RSIの水準を指値注文で指定することはできないので、この場合はチャートを監視しておく必要があります。

カニ手法の「損切りパターン」もたった2つ

損切りルールは、指値バージョンも成行バージョンも同じです。次の2つの条件が揃ったら損切りします。

▼損切り条件1：大きなトレンドの方向がエントリー時と反対になる
▼損切り条件2：オーダー状況がエントリー時と反対になる

エントリーは、「トレンドの方向性」と「オーダー状況で見る優位性」がそろった時に行いますが、この前提が両方崩れたら損切りということになります。

たとえば、買いでエントリーしたのであれば、**「トレンドの方向が下になる」と「オーダー的に売りが優勢になる」の2つの条件が合致すると、エントリー時とは真逆の状況になるので、そのポジションは秒で切るという判断になります。**

この場合、自分がためらいなく損切りできる割合、金額、値幅の中に納まっているかを改めて確認してください。もし損切りポイントがそれを超えてしまいそうな場合は、ポジションの持ち過ぎということになります。

ただし、崩れたのが2つの条件のうち1つだけであれば、損切りを急ぐ必要性はありません（わかりずらい場合オシレーターの上限ｏｒ下限に戻ってきた時に損切りでもＯＫです）。

それでも、大きな経済指標の発表がある場合や、週末をまたいでしまう場合は決済しておくのが無難です。経済指標の発表時は大きく変動する可能性がありますし、週末にも為替相場を動かす大きな材料が出る可能性もあるので、私はこうした予測できない変動リスクは取らないようにしています。

1日10分でできる「カニ子の手法」しかも、成績は安定のプラス

私のカニ手法は比較的シンプルではありますが、まったく初めての人や、チャートを監視する時間が取れない人にとってはハードルが高いかもしれません。ＹｏｕＴｕｂｅを観てくださる視聴者さんからも「ＭＴ４やＥＡを使ったトレードは難しい」「もっとシンプルで時間の無い人にもできるトレード方法はないか？」という声が寄せられていました。

そこで、**1日10分あればできる「カニ子手法」という売買手法を編み出しました。**元

カニ子の手法の売買成績

年月	勝敗	成績
2019年12月	3勝3敗	+77.9pips
2020年1月	21勝5敗	+384.9pips
2月	14勝14敗	+49.1pips
3月	12勝5敗	+345.3pips
4月	13勝12敗	+71.0pips
5月	12勝7敗	+319.0pips
6月	20勝8敗	+731.8pips
7月	19勝16敗	+276.2pips
8月	13勝7敗	+435.8pips
9月	8勝2敗	+112.8pips
10月	13勝11敗	−147.6pips
11月	8勝16敗	−326.9pips
12月	5勝4敗	+57.3pips

手も5万円程度あればできます。簡単な手法なので、画面の小さいスマートフォンでも問題ありません。

オーダーブックを見て、逆指値の偏りを見つけるまでは基本のカニ手法と同じですが、偏りを見つけたらすぐエントリーでき、100pips下に損切り注文を入れるだけのとてもシンプルなルールです。後は24時間放置するだけで、チャートを途中で見る必要もありません。

全てライブ配信で毎日エントリーを公開した上でマイナスになった月は1度しかありません。

カニ子手法の具体的なプロセスは、次のようになります。

1　オープンオーダーで、左下の売りと右上の買いの逆指値に偏りのあるチャートを見つける

2　その方向にエントリーする（買いの逆指値が多い場合はロング、売りの逆指値が多い場合はショート）

3　損切りの逆指値注文を、エントリーポイントからマイナス100ｐｉｐｓのところに置く

4　エントリーした24時間後に、損益にかかわらず決済する（もみ合い相場が続いて、オーダーの偏り具合が前日と変わらない場合は、もう1日ホールドします）

カニ子手法では、24時間ホールドすることになりますが、金曜日の場合、24時間たたずに週末に突入してしまいます。ポジションを週末に持ち越すのはリスクが高いので、金曜日はエントリーの条件がそろっていても見送ってください。

また、24時間以内に米国の雇用統計など、重要な経済指標の発表がある場合も、イレギュラーな動きをする可能性が高いので見送りです。ただし、発表前に手動で決済できるならＯＫです。重要な経済指標の目安がわからない場合はＹａｈｏｏ！ファイナンスで調べると前回発表時の変動幅を確認できます（２２４ページ参照）。これが30ｐｉｐｓ以上

あると、為替相場の影響が大きい指標と判断できるので、見送りです。

判断する時間帯はいつでもかまいません。私の場合は毎日ライブ配信中にトレードするので23時〜23時20分の時間帯でトレードしていますが、都合に合わせてOKです。翌日の同じ時間に決済できる時間帯で行うのがポイントです。

トレーダーの心理がわかる「オープンポジション」

オープンオーダーが他のトレーダーの注文状況を示すのに対し、オープンポジションは他の投資家がすでに持っているポジションの状況がわかります。これを見ると、今買い手と売り手のどちらが多いのか、そして**含み益を持って余裕のあるトレーダーと含み損を抱えて苦境に陥ったトレーダーがどの程度いるかがわかります。**

オープンオーダーと同様に、縦軸の真ん中が現在の為替レートで、上に行くほど高く、下に行くほど低くなります。左右では、右側が買いポジションで、左側が売りポジションを示しています。

OANDAのオープンポジション

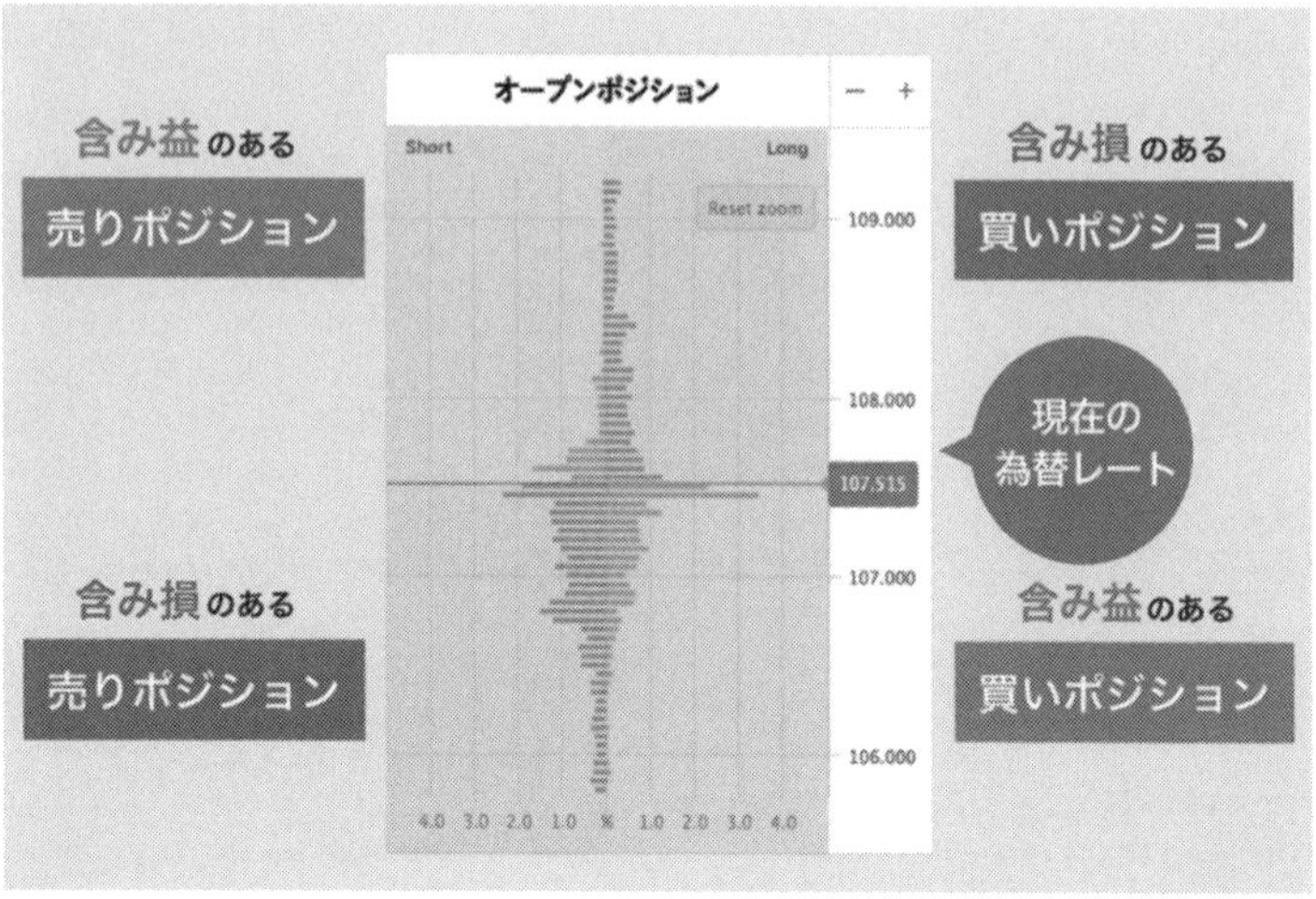

4象限のうち右上は、現在レートより高値で買ってしまった含み損の買いポジションです。上昇すると思って買いエントリーしたのに、下落の憂き目に遭ってイライラしているトレーダーです。

一方、左下は現在レートより安値で売って、含み損を抱えた売りポジションです。下落すると予想して売りポジションを建てたにもかかわらず、思いのほか上昇してイライラしています。

左上は含み益の売りポジション、右下は含み益のある買いポジションを抱えてウハウハしている人たちです。こちらはあまり気にする必要はありません。オープンポジションで重要なのは、オープンオーダーと同様に**右上と左下に示される、損している人たちの状況**だからです。

含み損を抱えた右上の買いポジションが大きくなっている場合、これからどんなことが起こりそうか考えてみましょう。

上がると思って買ったのに、下がってしまい困っているトレーダーがたくさんいます。このため、少しでもレートが上昇すると、「含み損が小さくなった！」あるいは「含み損がトントンになった！」「含み損が微益になった！」という人たちが一斉に売ろうとします。こうした状況では、上昇に転じたとしても、その上昇パワーは大量の売りに押されて長く続きません。

逆に、レートがさらに下落した場合、含み損を抱えたトレーダーの損失はさらに膨らみます。こうなるとそれまではなんとか持ちこたえてきたトレーダーも、「あきらめて損切りしよう」「もうだめだ」ということになり、場合によっては強制ロスカットになる人も出てきます。こうした損切りの売り注文が続出すると、下落はさらに加速することになります。

一方、左下の含み損の売りポジションが大きくなっている場合は、逆のことが起こります。上昇すると彼らの含み損はさらに拡大するので、損切りや強制ロスカットの買いがたくさん出てきます。そうなると上昇は加速する可能性が高まります。

逆にレートが下落すると、含み損を抱えた人たちが「今のうちに買い戻そう！」という買い決済の注文がたくさん出ることになるので、下落が早い段階で止まってしまうことが多くなります。

要するに、**含み損を持っているトレーダーがたくさんいるときは、レートが彼らの望む方向には進みにくく、逆に彼らの損失がさらに大きくなる方向に加速しやすいということになる**のです。

オープンポジションが教えてくれる「正しい投資行動」とは？

このことからわかるのは、市場に損失を抱える人がたくさんいるときは、彼らと同じ方向のポジションを持ってはいけないということです。むしろその逆のポジションを持つイメージで戦略を立てるほうが、成功率は高まります。

ただ、これは常にそういう動きになるわけではありません。含み損側で大きく膨らんだポジションが一掃されてしまうと、突然反転する事態にもなりやすいからです。「FXあるある」の、**「我慢できずに損切りしたとたんに反転した」という状況が、生まれる寸前**

かもしれないのです。
含み損と逆のポジションを漫然と持ち続けるのも、いきなり大きくヤラレてしまうリスクがあるので注意が必要です。

こうした危険を回避するためにも、定期的にオープンポジションをチェックして、その変化に注目するのもお勧めです。大きな変化がなかったり、増えているようであれば、しばらく現状のトレンドが続く可能性が高くなります。逆に含み損のポジションが減っている場合、多くの含み損トレーダーが損切りや強制ロスカットを終えてしまっているということであり、反転する可能性が浮上してきます。

私はオープンオーダーを重視してトレードしているので、オープンポジションの情報は補完的に確認している程度なのですが、以上の点は意識するようにしています。

オープンオーダーの不思議「謎オーダー」の対処法

ここでは、オーダーブックを使い慣れてきた人が直面する「壁」についてお話しします。その壁のひとつが、オープンオーダーでたびたび出現する「謎オーダー」です。

本来、直前までチャートが通過してきた水準では、オーダーの多くが消化されているのが普通です。左ページの上図の右半分を見ると、大きく下落した後もみ合いながら上昇しており、そのもみ合っている部分では売りも買いもオーダーが少なくなっています。

しかし、**なぜか直前まで通過していた水準に大量の逆指値が現れることがあります**。

左ページの下図はあるときの豪ドル／米ドルのオープンオーダーです。チャートの真ん中あたりでもみ合ってから、上昇トレンドを描いています。本来、この上昇してきた部分はオーダーが消化されて少なくなっているものなのですが、なぜか大量の売り逆指値が入っています。

この謎オーダーがなぜ現れるのか、原因はわかりません。ただ、何年もオーダーブックを見てきた私の印象では、こうした場合、8割ぐらいの確率でレートは謎オーダーの方向と逆に進むと感じています。本来のオーダーブックの読み方としては、逆指値のある方向にレートが進むという解釈になりますが、謎オーダーが出現している時には逆になる傾向が強いというわけです。このチャートの場合、左下に大量に売りの逆指値が出現しているので、このまま上昇が進む傾向が強いということになります（新規の買い注文が強い）。

謎オーダーを簡単にいうと、以下のような現象です。

通常パターンのオープンオーダー（ドル円）。直前まで通過していた105.250～105.850の部分のオーダーは消化されているので指値も逆指値も少ない

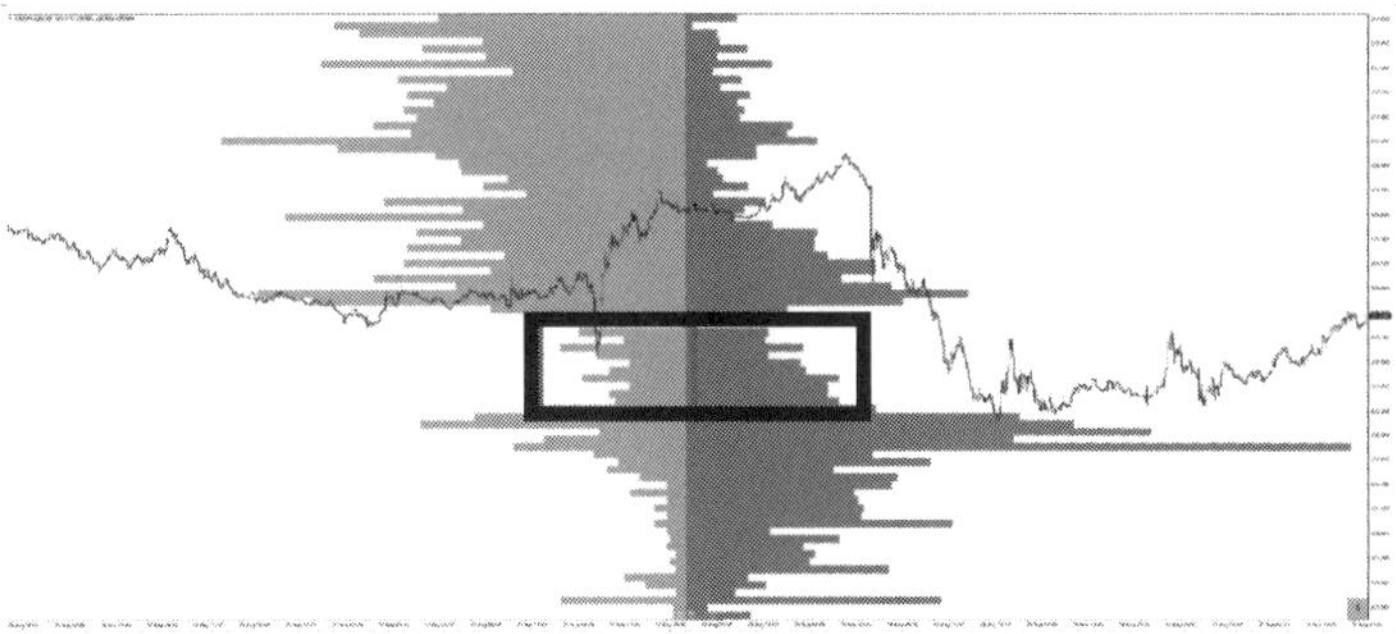

上昇トレンドが通過してきてオーダーが薄くなっているはずの0.72300～0.73400あたりに、大量の逆指値が入っている「謎オーダー」

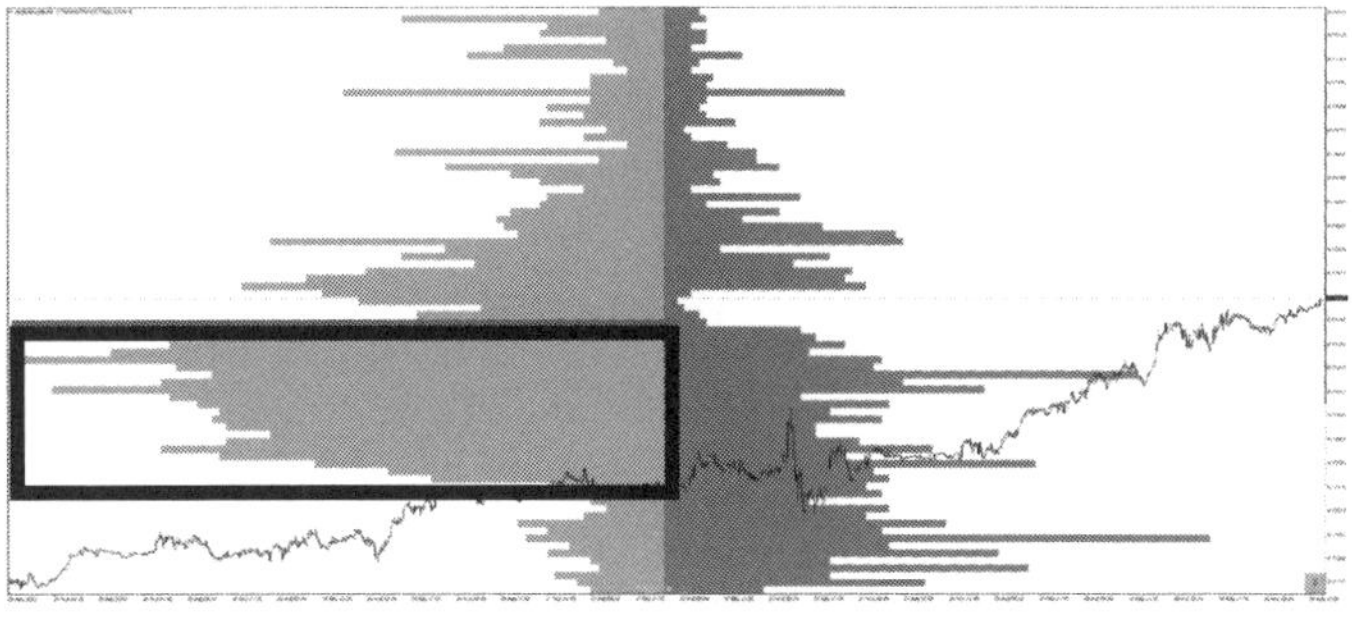

▼上昇トレンドの最中に売りの逆指値が、通過したばかりの水準に現れる
▼下降トレンドの最中に買いの逆指値が、通過したばかりの水準に現れる

こうした謎オーダーに出会った場合はエントリーは見送るか、現状のトレンドが継続すると判断するのがよいと思います。

マーケットに「予期せぬ事態」が起きた時の4つの対処方法

ここ数年、為替市場の平時の値動きは大きくはありませんが、何らかのニュースや材料で突然相場が激しく変動する「なんとかショック」といわれるような局面は増えています。普段からコツコツ売買して、利益を積み上げていても、こうしたショックに見舞われて、それまでの利益を全部吹き飛ばしてしまうような悲劇も少なくありません。こんな時、どう対処すべきなのでしょうか。

初心者やトレード歴の浅い人は、こうした相場の急変時に以下のような行動をとりがちです。

初心者トレーダーの対応フロー

1、為替相場に急変動が起こる
↓
2、「いったい何が起こったんだ!?」とうろたえ、考える
↓
3、ニュースなどを調べて、原因を突き止める
↓
4、決済 or ホールド
↓
5、手遅れ

こうした急変は、利益が出る方向に動くこともありますが、**多くは損失が出る方向に変動する**ものです。こういう時に何が起こっているのかを把握しようとしたり分析するのに時間をかけていては、損失は広がっていくばかりです。こういう時は、考えるより前に行動するほうが結果的に損失を少なくできるケースが多くなります。こうしたケースでは、次のような対応が理想です。

上級者トレーダーの対応フロー

1、為替相場に急変動が起こる
↓
2、自分の売買ルールやシナリオと突き合わせて、どう行動すべきか判断する
↓
3、決済　or　ホールド
↓
4、ニュースなどを調べて、原因を突き止める

相場が急変すると、誰だって焦ります。こういうときは急変の原因を調べるのではなく、自分の売買ルールに従って行動するのが先です。

具体的には、**「想定していた決済条件になったか?」を確認し、その通りに行動する**のです。そのためにも、自分の売買ルールを明確にし、エントリーの前に利益確定と損切りのポイントを決めておく必要があるわけです。多くの人が判断力を失っている時だからこそ、冷静に判断できればそれが優位性につながります。

ニュースなどを調べるのは、その後です。こうした急変はものの数分で大きく動くこと

が多いので、行動するまでの数秒や数分の差で、損失を小さく抑えられるか、大損失を負ってしまうかの分かれ目になってしまうのです。

なんとなくエントリーしていると、こういう時に焦って何もできなくなります。多くは含み損が大きく膨らむことになりますが、たとえプラス方向に動いていたとしてもどうすればいいかわからず利益確定のチャンスを逃しやすくなります。

こうした局面は短期的には運の要素が強いのですが、正しい対処ができるかどうかで長期的な収支は大きく変わります。私自身も、何度も痛い目に遭いましたが、何もできないわけではありません。重要なのは、**常に売買プランを立てておき、急変時でそれを忠実かつ冷静に実行する**ことです。マーケットにはいつ何が起きるかわからないことを常に意識し、１秒でも早く行動ができるよう備えましょう。

ポジションに対する対応を終えたら、そこで初めて相場を動かすきっかけとなった材料について考え、分析し、次回以降のトレード戦略を練ります。これが中央銀行や政府など公的な機関から出たニュースであれば、その影響は長引く可能性が高いでしょう。ただ、すでに話題になっていることである場合は「材料出尽くし」と判断されて、逆方向に向かうこともあります。

一方、急変の原因が一部のメディアによる報道だったり、噂に近いレベルだったりする場合は、一時的な動きで終わる可能性が高くなります。後からその内容を否定するような報道が出ることもあり、影響は長引かない可能性を意識しましょう。

また、その内容が新しい要素かどうかも重要です。突然、どこかの国が軍事行動に出たとか、主要国が別の主要国に対して新しい関税を課すといった、これまで市場が織り込んでいなかったニュースである場合、その影響は長引く可能性があります。そしてその多くが、円買いにつながります。

EAやシステムトレードで「機械」になっても失敗する3つの理由

私は一貫して、トレードにはなるべく感情を入れず「機械になって担々麺」を推奨していますが、FXでは本当に取引のすべてを機械に任せることが可能です。FX会社が独自に提供しているシステムトレードや、MT4の中で動作する自動売買プログラムであるEA（エキスパートアドバイザー）などを活用すれば、自動売買が可能になります。

私の理屈ではこれらのツールを使えばうまくいくはずなのですが、現実としてはそれでも負け続けるトレーダーが多くいます。それには、以下の3つの理由が影響していると考えています。

理由１、継続できない

勝率が50％の手法であっても、常に代わりばんこに勝ちと負けを繰り返すわけではなく、**最初に連敗することはあり得ます**。多くの人は数回負けると、「あ、このシステムはダメだな」と見放して、使うのを辞めてしまいます。

理由２、資金管理ができていない

どんなに良い手法や自動売買システムを使っていても、**資金管理は投資家にしかできません**。資金の額に比べてポジション量が多すぎるなど、適切な資金管理ができていないと、勝てるロジックであっても資金を増やすことは難しくなります。

理由３、感情が入る

自動売買に感情が入るわけない、と思うかもしれませんが、実際はそうでもありません。**目の前で自動売買システムが含み損を抱えていると、損切りされるのが怖くなってシステムを止めてしまう人がかなりいます**。逆に含み益を持っていると、「早く確定してくれよ〜」とイライラして、結局自分で決済してしまう人も。

せっかく機械に任せても、任せきることができずに感情丸出しのトレードで介入してしまうケースはとても多いのです。

自分でやるにしろ、機械に任せるにしろ、**根本的な手法を守り切ることができないとうまくいきません**。

ちなみに私は、FXに取られる時間をなるべく減らすためにカニ手法をEA化し、エントリーと損切りを自動でやってもらっています。エントリーしたという通知が来たら、必ずチャートを確認し、利益確定だけは手動でやっています。また、大きな指標発表があるときは急変に巻き込まれたくないので、EAを止めています。

相場にはその時にならないとわからないことも多いので、**機械にすべて任せることなく、あえて裁量でトレードしたり、私のように一部を裁量で行うのも良いと思います**。

オーダーブックに向かない通貨ペアに注意

日本の個人トレーダーの多くは、米ドル円やユーロ円、ポンドドル円、豪ドル円といった主要通貨と日本円を組み合わせた通貨ペアを好みます。オーダーブックはこれらの通貨ペアはもちろん、日本円を介さないユーロドルや、ポンドドルなど、主要通貨同士の通貨ペアもそろっており、取引したいと思える通貨ペアはだいたい用意されています。

主要な通貨ペアであればオーダーブックを通してオーダー状態を確認できますが、すべてがオーダーブックを使ったトレードに向いているわけではありません。たとえば、高金利で**日本の投資家に人気の高い新興国通貨をトレードする場合は、オーダーブックを参考にしてもあまり意味がない**と考えています。

というのも、オーダーブックが機能するには、ある程度出来高や取引量があることが前提になるからです。しかし、新興国通貨は主要通貨に比べると取引量が少ないうえ、最も盛んに取引される米ドルが絡まない通貨ペアではなおさら取引が薄くなります。

トルコリラ円は主要通貨同士のペアに比べると取引量が少ない

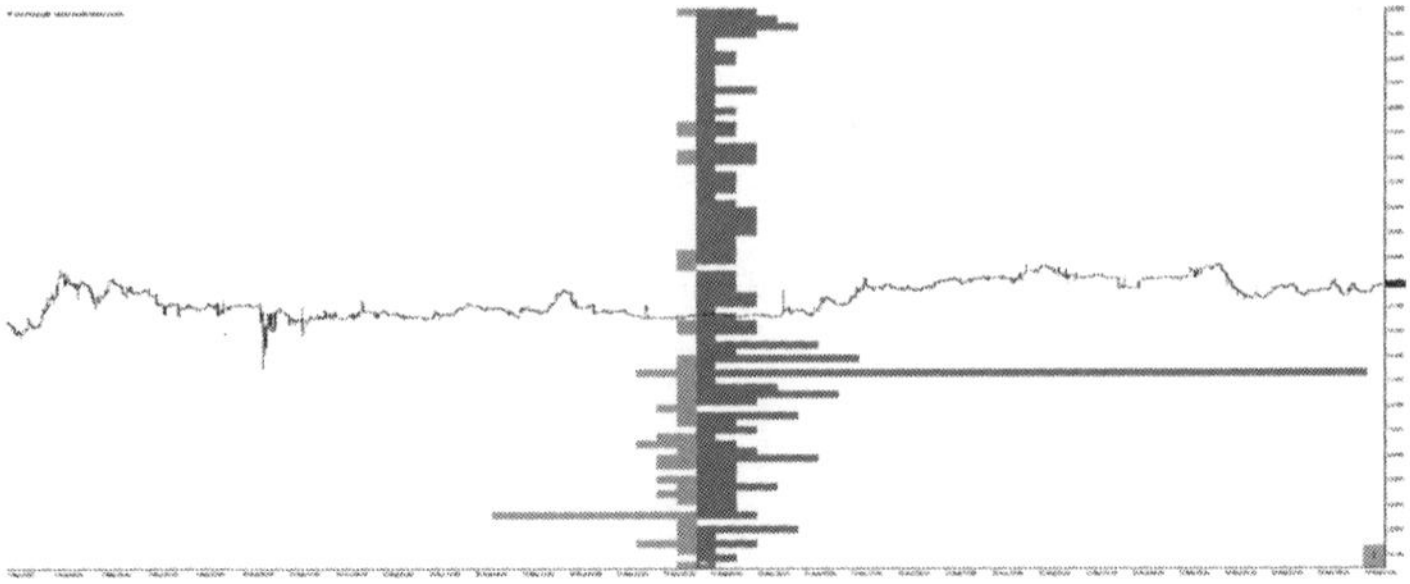

これはトルコリラ円のオープンオーダーです。極端に多くなっているところもありますが、全体的にスカスカなのが一目瞭然です。こうした通貨でオーダーブックを気にしてもあまり意味がないので、取引するならチャートやファンダメンタルズなど別の情報を使ってください。

新興国と日本円の通貨ペアほどスカスカではないものの、豪ドル円などもオーダーが少なくあまり差がわかりません。基本的にオーダーブックは、ドル円、ユーロ円、ユーロドルが使いやすく、そのほか**米ドルが絡む通貨ペアで機能しやすくなります**。

オーダーブック以外の「便利ツール・メディア」８選

ＦＸは情報戦なので、自分で調べる、あるいは調べられる環境を整えておくことは重要です。ここでは、私が便利だと思うツールやサイトを紹介します。

1、何があった？と思ったら「Yahoo! リアルタイム検索」

急に為替レートが動いて、「今何があった？」「何で動いているの？」と慌てることがあるかもしれません。為替市場を動かしている材料は何なのか知りたいときは、Ｙａｈｏｏ！ リアルタイム検索がお勧めです。

Ｙａｈｏｏ！ の検索窓はデフォルトでは「ウェブ」になっていますが、ここで「リアルタイム」を選択すると、ツイッターでのつぶやきを検索することができます。数秒おきに更新されるので、最新のツイートを検索できます。

例えば、急にドル円が動いた場合は、とりあえず「ドル円」で検索すると、為替ニュースが出てきます。

また、ＦＲＢ議長の講演が予定されている場合、事前に原稿が公表される場合は講演の時間ではなく原稿の公表に合わせて為替が動く可能性があります。原稿が出るのか、出るのが何時なのかを確認したい場合は、「パウエル（議長の名前）原稿」と検索します。ＮＹダウが急に下落したときは、「ダウ　暴落」、雇用統計の結果が気になる「雇用統計」、米大統領の会見はいつだろうと思ったら「バイデン　会見」などで検索すると、だいたい欲しい情報にヒットします。特に経済指標の結果などは、ＦＸ会社や証券会社などが発表から５～10秒ぐらいで結果を公式アカウントで流しているのでお勧めです。

2、指標や発言のチェックに「Ｙａｈｏｏ！ファイナンスの経済指標」

Ｙａｈｏｏ！ファイナンスのＦＸ・為替タブ↓経済指標を選択すると、直近の経済指標発表の予定や重要度がわかります。前回の結果と、今回の市場予想、発表が終わったものは結果も表示されます。重要度は星の数で示されており、星３つの指標は影響が大きい重要指標になります。ただ、最近は星３つでもあまり動かないものも多いので、参考程度にしてください。

このページのいいところは、**前回の結果発表の際にどれくらいの値幅が出たかがわかる点**です。指標名をクリックすると「発表後の変動幅」という項目があり、前回発表時の変動が表示されています。たとえば、前回どれくらい動いたかを確認して、ポジションを指標前に整理する必要があるかを判断する際に使えます。

3、世界の金融市場を一覧「世界の株価」https://sekai-kabuka.com/

世界中の株式市場や先物、仮想通貨などさまざまな市場の動きを一覧できます。為替市場が大きく変動している時などに、どこの市場が動いているかが一目でわかるので、**どこで何があったのかを推測できます。**

4、通貨強弱の状況をチェック「Currency Strength Chart」

主要通貨の強弱をグラフで表示しています。上方向に延びている通貨が強く、下方向に推移する通貨は弱くなっています。強い通貨と弱い通貨を組み合わせるなど、取引する通貨ペアを決めるときなどに便利です。https://currency-strength.com/

5、ＦＸのニュース確認に「トレイダーズ・ウェブＦＸ」https://www.traderswebfx.jp/

市況の状況や為替関連のニュースに強いサイトです。速報性はＹａｈｏｏ！リアルタイム検索が便利ですが、こちらはより見やすく文章もまとまっています。大きめのオーダー状況も、ドル円とユーロドルであれば無料で確認できます。

6、スマホでＰＣを遠隔操作「Ｃｈｒｏｍｅリモートデスクトップ」

スマホからＰＣを遠隔操作できるアプリです。スマホとＰＣ両方に入れておくと、外出先でスマホからＰＣのＭＴ４を確認して、スマホでそのままエントリーするといったことが可能になります。スマホだとどうしても、使えるインジケーターが限定されていたり、確認できる情報がＰＣに比べて少ないので、自宅のＰＣをつけっぱなしにして常にスマホからＭＴ４を確認できるようにしておくと便利です。どちらも機能面は同じですが、使っているブラウザがＣｈｒｏｍｅであれば「Ｃｈｒｏｍｅリモート デスクトップ」、それ以外の場合は「チームビューアー」がお勧めです。

7、一括決済やその他様々カスタマイズ可能「スピードＭＴ４」

こちらもＭＴ４を使っている人にお勧めのツールです。ＭＴ４は通常、一括決済ができませんが、このツールを使えば**持っているポジションを全決済したり、指定の通貨ペアだけまとめて決済するといったことが可能**です。他にも好きな決済音を鳴らしたり、その日の収支やその週の収支を表示したり、現状のレバレッジなども確認できます。私もＹｏｕＴｕｂｅの生配信でも使っています。

8、詳しい成績の集計やエクセル出力が可能「メタリポ」

ＭＴ４に入れるトレード履歴簡単作成ツールです。ボタン一つでトレード数や勝率、リスクリワードや最大ドローダウンなどを一通り分析できます。エクセルに出力も可能です。無料版もあり、この場合1日1回だけ検索できます。

これらのツールや情報サイトのほかに、掲示板やＳＮＳ、タイムラインで見るツイッターも便利ではあります。ただし、これらの情報は、**メリットよりもデメリットが大きい**

と感じています。

というのも、ガセ情報や根拠のないデマも多いので、上級者ならともかく**初心者には情報の取捨選択が難しい**のです。また、自分のポジションを公開する人や相場分析を披露する人も多く、これが自分の分析やポジションと異なっていると不安になったり、ルールにのっとった売買が揺らいでしまうこともあります。情報が過度に入ってきてわけがわからなくなってしまったり、ネガティブな意見が目に付いてしまうこともあるので、利用するときは十分注意してください。

おわりに…勝つトレーダーに変わる人のたった1つの特徴

2018年1月15日に生配信を開始した際、新しい挑戦に日々わくわくしていました。

「自分のトレードを生放送で公開する」というのは、当時はほぼ無かったと思います。

たくさんの人と交流や意見交換ができる反面、含み損を抱えた状況で放送を始めると

「やばい」

「下手くそ」

「早く切れ」


と罵声も浴び、心が折れそうになることもありました（実際は折れたこともありますが、続けて正解でした）。

FXはメンタルが非常に重要であるのに、「不要な負荷」をかけている状況で、やっている自分でも「生配信なんて意味あるのだろうか？」と自問自答をする日々。

配信を始めては辞めていく人が多い中で、「自分もどうするべきか」悩んでいました。

でも自分には、「最終的には続ける、継続した人が勝つ」という信念がありました。

私は3年間ライブ配信を続け、今でも続けています（2021年開始時点）。

「継続」というのは、自分の収支の記録よりも重要なものだと思っています。

1日でもサボったら、「継続」とはいえません。

「継続」は、毎日の積み重ねの上にしか成り立ちません。

今後も必要とされる限り、長く続けていきたいと思っています。

今、あなたは負けているかもしれません。

そして今後も、負けるかもしれません。

しかし、**FXはいつどんなきっかけで勝てるようになるかわかりません。**

もしかしたら明日、そのきっかけを掴むかもしれません。

年齢や性別も、関係ありません。

FXは、正しくやれば今すぐに収支が改善する世界です。

あきらめずに頑張って下さい
この本に書いてあることを実行していただければ、あなたの収支は改善できるはずです。

自信があります。

この本の中に全てを詰め込みましたから。

もし**先が見えなくなってどうしたら良いかわからなくなった時、またもう一度この本を開いて下さい。**

「機械になって担々麺」

機械のようにメンタルを入れず、ただ淡々と売買を繰り返していきましょう

そうすればあなたの収支はこうなるでしょう……。

「○《まる》やで」

以上。

最後までお読みいただき、ありがとうございました。

この本の出版にあたり、関係していただきました各所にお礼申し上げます。

ｆｘカニトレーダーカズヤング

（株式会社金馬新聞　代表取締役　岩本和也）

カニトレーダー

プロ兼業FXトレーダー。

2014年10月よりFX取引を開始するも、根拠のないポジション保有を続けてしまう「ポジポジ病」をわずらい、３年間でマイナス200万円の“無勝時代”が続く。2016年7月、全ての証券会社の口座を解約し、FXから身を引く。

しかし2017年、「負けた原因を分析して、もう一度だけトライしてみよう。それでもダメだったら辞めよう」と決心、徹底的に今までのトレードを分析した結果、「入金→追証→入金→追証…」の“地獄サイクル”から奇跡のV字回復を遂げ、収支が伸び始める。

手法は無料で使用可能なFXツール「オーダーブック」をメインにしたもので、①トレンド順張りを意識、②エントリー・利益確定は「逆指値」を重視、③取引ルールを遵守、の３つの柱で支えている。

2018年1月、YouTubeチャンネル『カニトレーダーが行く！』をスタート、平日は欠かさずトレードのLIVE配信を行う。2019年11月8日、公開トレードで累計利益1000万円を達成（300万→1300万）。YouTubeとTwitterでエントリーや利益確定を「マネしようと思えばできる」ほどクリアに公開、「この放送を見て勝てるようになった」と視聴者に言ってもらえるよう「真面目・健全・おふざけ一切無し」で配信している。

“軽い印象”を与える外見とは裏腹に、派手な生活はまったくせず、夜遊び・酒・タバコなども一切しない。軽自動車に乗り、家賃は5万4000円。趣味は、ゲーム・マッサージ・温泉。好きなカニは、タラバガニ。

○執筆協力　森田悦子
○校正　本創ひとみ
○装丁　安賀裕子
○編集　荒川三郎

**3年《ねん》でマイナス200万《まん》から
「副業《ふくぎょう》FXで月収《げっしゅう》30万《まん》ちょい」の人生《じんせい》イージーモードにした件《けん》**

2021年2月10日　初版発行

著者　カニトレーダー
発行者　和田智明
発行所　株式会社 ぱる出版

〒160-0011　東京都新宿区若葉1-9-16
03（3353）2835 — 代表　03（3353）2826 — FAX
03（3353）3679 — 編集
振替　東京 00100-3-131586

印刷・製本　中央精版印刷(株)

ISBN978-4-8272-1263-1 C0033